皇朝仕學規範

宋 張鎡 著

宋刻本

图书在版编目（C I P）数据

皇朝仕学规范 / (宋) 张镃著. -- 北京 : 海豚出版社, 2018.1
ISBN 978-7-5110-4142-5

Ⅰ. ①皇… Ⅱ. ①张… Ⅲ. ①笔记－中国－宋代②中国历史－史料－宋代 Ⅳ. ①K244.066

中国版本图书馆CIP数据核字(2017)第329642号

书名：皇朝仕学规范
作者：(宋) 张镃著
责任编辑：李俊
责任印制：蔡丽
出　　版：海豚出版社
网　　址：http://www.dolphin-books.com.cn
地　　址：北京市百万庄大街24号
邮　　编：100037
电　　话：010-68325006（销售）　　010-68998879（总编室）
印　　刷：虎彩印艺股份有限公司
经　　销：新华书店及网络书店
开　　本：16开（210毫米×285毫米）
印　　张：37.125
字　　数：297（千）
版　　次：2018年1月第1版　　2018年1月第1次印刷
标准书号：ISBN 978-7-5110-4142-5
定　　价：880元

出版説明

人是一種會思想的動物，無論是要適應環境，克服生存的困難，抑或爲了生活得更有意義，思想皆不可或缺。在一般的中文習慣中，思想的涵義比"哲學"更寬泛，這種語用習慣的差異，也影響到學者對學術視野的選擇。一般而論，思想史的範圍也較哲學史爲廣闊，雖然很少得到清晰地界定，但它不失爲一種有效的學術視野。

在近代中國學術史上，思想史研究的興起與哲學史大約同時。一九〇二年三月，梁任公在其創辦的《新民叢報》上連續發表了《論中國學術思想變遷之大勢》系列論文，這可能是最早由國人撰著發表的思想史論文。而第一本由國人撰寫的中国古代哲學通史，則爲一九一六年謝無量的《中國哲學史》。這兩本早期著述有其學術史的意義，但其中對學科的性質與研究方法等多無明確的説明。事實上，無論是學者的闡述，還是其實際的操作，在思想史與哲學史之間都不易劃出清晰的界限，直到當代也仍然如此。抛開細節不論，就語用習慣及有關實踐而言，思想史表徵一種對歷史文化廣闊而深入的關照，其研究方法，關注的問題，都較哲學史爲多元，史料基礎也不可同日而語。尤其是在郭沫若、侯外廬等人建立起來的研究傳統中，思想史有明确的社會史取向，或因其與傳統的文史之學有親和性，以至在今天，這種思路仍然很有生命力。

文獻發掘向來是思想史研究的基本環節。爲了促進有關研究，我們選輯多種文本編爲"中國古代思想史珍本文獻叢刊"。全編選目包括經典文本，如儒、道二家的經解，重要思想家作品的早期刻本，和某些并不廣泛受到關注的作家文集的舊刻本。本編中也選錄了數種反映古代民俗信仰的文獻，如《關聖帝君聖跡圖志》、《卜筮正宗》等等。這些文本在傳統的學術視野中，多以爲不登大雅之堂，在今日視之，或者正因其反映了古代社會一般的信仰氛圍，而有重要的文本價值。此外，本編也著意收錄了數種通常被視爲藝術史史料的文本，如《寶綸堂集》、《徐文長文集》等，我們認爲對思想史關注而言，範圍與深度同樣重要。

選集本編，也有文獻學上的意圖。中國古代有悠久的文獻學傳統，大量古籍文本的傳刻與整理造就了古代中國輝煌的古籍文化。本編收錄的這些刻本不僅是古代學術發生、衍變的物質證據，也是古代古籍文化的重要部分。本編所收錄的全部作品皆爲彩版影印，最大限度地保存了文獻的細節。其中有部分殘卷，視具體情況，或者補配，或者一仍其舊。本編的選目受制於編者的認識與底本資源，或者有不妥、不備之處，希望讀者不吝指正。

目録

皇朝仕學規範

一

皇朝仕學規範序

士大夫多嫰天資至錯諸行事。往往鮮合中道才非不逮徽法度也前言往行可儆可師佩服弗替如循三尺則幼學壯行焉往而不中節藐前脩爲易輿肆吾意之所嚮跌宕乖盭湯士據依。華而齟齬士聞人猶以不能恕其如得聲名。雖貴顯者識將起賢者過之之數所規矩以覬全材屛範

模而良器是圖世固無若事也仰惟
熙朝
累聖纘承壹呂姬孔道學造天下士
名公碩儒聞風作興步武相屬其大
者功烈在天銘在鼎彝誠未易闚測
至如問學之囦深操行之端方政事
之精醇與夫陰功隱德奇辭奥論汶
播簡冊者皆足以擅稱一時詒憲百
世鐩天資庸樸粗知讀書日思枚滌

膏粱之習。呂從賢士大夫後。是以寤寐前指。操撫舊聞。凡言動舉措。粹然中道可按為灋程者。悉派分鱗次。萃爲鉅編。呂便省閱。夫致知必繇學。故先之以為學。學。行之上也。故次之以行己。行己有餘。斯可推以及人。故[illegible]之以涖官。為政莫如德。故次之以德。有德者必有言。故以詩文終焉。謂其皆可爲終身法。遂目之曰皇朝仕學規範。且析為四十卷。庶幾口詠心惟。趣向弗謬。昭然中庸大學之可敬。儼乎正人端士之在左右也。傳不云虖。過者俯而就。不至者跂而及。僕方用是自警。亦願與同志共之。

淳熙歲丙申四月秦川張鎡時可序

皇朝仕學規範總目

行已

卷第七

行已

卷第八

行已

卷第九

行已

卷第十

行已

卷第十一

行已

卷第十二

涖官

卷第十九

涖官

卷第二十

涖官

卷第二十一

涖官

卷第二十二

涖官

卷第二十三

涖官

卷第二十四

陰德
卷第三十一
陰德
卷第三十二
作文
卷第三十三
作文
卷第三十四
作文
卷第三十五
作文
卷第三十六

◎

皇朝仕學規範總目

皇朝仕學規範所編書目

皇朝名臣言行録朱熹元晦編

楊文公談苑億大年

小畜文集王禹偁元之

張乖崖語録詠復之

丁晉公談録謂謂之

王文正公言行録曾孝先

宋景文公雜志祁子京

宋子京筆記

廬陵文集歐陽脩永叔

濂溪通書周敦實茂叔

胡安定言行録援翼之

胡安定孝行録翼之編

程氏遺書顥伯淳 頤正叔

程氏外書

横渠理窟張載子厚

横渠語録

臨川文集王安石介甫

范忠宣公言行録純仁堯夫

元豐類藁曾鞏子固

王氏談淵陶樂道

杜氏談録滋攷公之

麈史王得臣彦輔

孫氏談圃外君孚

倦遊雜録張師正

涑水迂書 司馬光君實

元城語録 劉安世器之

元城譚録

南都道護録 胡珵編

名賢遺範録

東軒筆録 魏泰

節孝先生語 徐積仲車

澠水燕談 王闢之聖涂

韓魏王別録 王巖叟編

曾魯公軼事 公亮明仲

鼂氏客語

和氏談選 平特、

韓莊敏公遺事 縝玉汝

文昌雜録 龐元英

三蘇文集 洵明允 軾子瞻 轍子由

南昌文集 黄庭堅魯直

夢溪筆談 沈括存中

後山文集 陳師道履常

後山詩話

李氏文集 廌方叔

師友談紀 方叔編

上蔡語録 謝良佐顯道

龜山語録 楊時中立

詩文發源 王直方歸叟

唐子西語録 庚

曲洧舊聞 朱弁

李氏詩話 錞希聲

玉壺清話 僧文瑩

湘山野録 僧文瑩

冷齋夜話 僧惠洪

泊宅編 方勺仁聲

陳氏詩話 輔之

吴氏詩話 聿子書

吕氏家塾記 希哲原明

永嘉文集 周行已恭叔

聞見前録 邵伯温

聞見後録 邵溥
步里客談 陳長方齊之
嬾眞子録 馬大年永卿
涪陵記善録 尹焞彥明
龍溪文集 汪藻彥章
省心雜言 趙邦獻
許氏詩話 顗彥周
分門詩話 李頎編
藝苑雌黄 嚴有翼
潛溪詩眼 范温元實
珊瑚鈎詩話 張表臣
石林避暑録 葉夢得少蘊

石林燕語

石林詩話

古今類事 委心子編

古今總類詩話 任舟編

呂氏童蒙訓 本中居仁

折獄龜鑑 鄭克編

張橫浦語録 九成子韶

張橫浦日新

四六談麈 謝伋景思

五峯遺文 胡宏仁仲

竹坡詩話 周紫芝少隱

蒲氏漫齋録 大受

樂善録 李昌齡伯崇

韻語陽秋 葛立方常之

夷堅甲志 洪邁景盧

夷堅乙志

麗澤文説 呂祖謙伯恭

已上計壹佰件

皇朝仕學規範所編書目

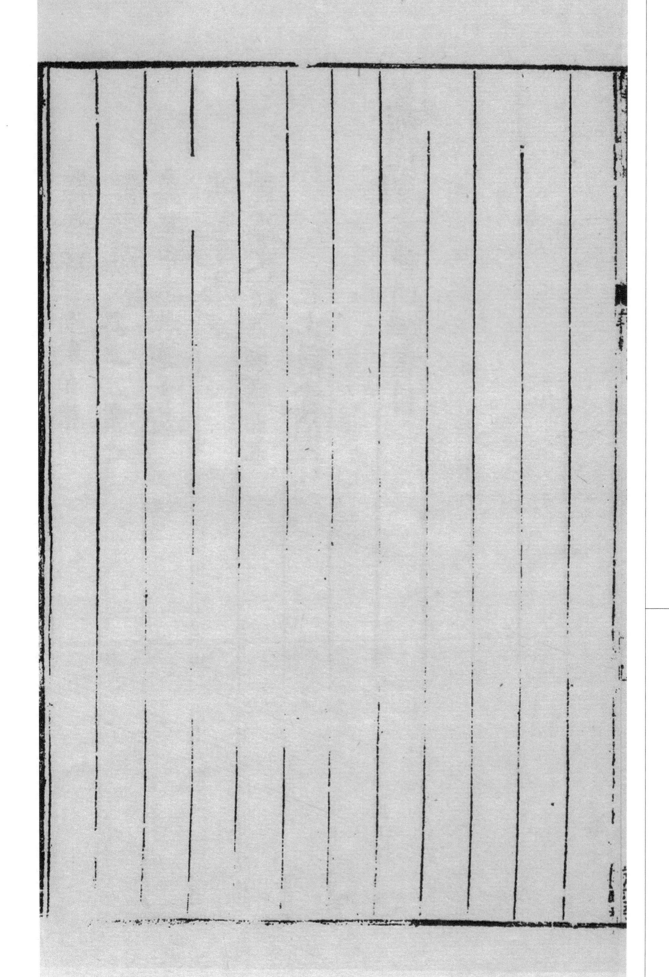

為學

仕學規範 卷一

皇朝仕學規範卷第一

爲學

司馬溫公光自成童凛然如成人七歲聞講左氏春秋大愛之退爲家人講即了其大義自是手不釋卷至不知饑渴寒暑年十五書無所不通文詞醇深有西漢風

晏元獻公殊留守南京范文正公仲淹遭母憂寓居城中晏公請往府學仲淹嘗宿學中其教學者皆有法度勤勞恭謹以身先之夜課諸生讀書寢息皆有時刻往往潛至齋舍詷之見先寢者詰之其人給云適疲倦暫就枕耳仲淹問未就寢時觀何書其人亦妄對仲淹即取書問之其人不能對乃罰之出題使諸生作賦必先自爲之欲知其難易及所當用意亦使學者準以爲法由是四方從學者輻輳其後宋人以文學有聲名於場屋

朝廷者多其所教也。

霸州文安縣主簿蘇洵，年二十七歲，始大發憤，謝其素所往來少年，閉戶讀書爲文辭。歲餘，舉進士，再不中，又舉茂材異等，不中。退而嘆曰：此不足爲吾學也。悉取所爲文數百篇焚之，益閉戶讀書，絕筆不爲文辭者五六年，乃大究六經百家之說，以考質古今治亂成敗、聖賢窮達出處之際，得其精粹，涵畜充溢，抑而不發。久之，慨然曰：可矣。由是下筆頃刻數千言，其縱橫上下馳驟，必造於深微而後止。蓋其禀也厚，故發之遲；志也慤，故得之精。

慶曆中，范希文以資政殿學士判邠州，嘗語客曰：某修學時最爲貧窶，與劉某同上長白山僧舍，惟煑粟米二升，作粥一器，經宿遂凝，以刀爲四塊，早晚取二塊，斷虀十數莖，醋汁半盂，入少鹽煖而啗之。如此者三年。

朱昂侍郎甫弱冠辭親游學。其父給錢二千。以爲行資。徑入衡山書院。服勤學問。孜孜不怠。夜則拾桐油子然以誦書。三年。業成而歸。復以二千納于父。封識宛然。

司封郎中孔延之。幼孤。自感厲。晝耕讀書壟上。夜燃松明繼之。學藝大成。鄉舉進士第一。遂中其科。

李待制行簡家素貧。能刻志自學。坐石上讀六經。每至夜分。雖寒暑不以少易。又聚木葉學書。其筆法遒勁。聚書至萬餘卷。多手自抄寫。人謂之李書樓。

石守道學士爲舉子時。寓於南都。其固窮苦學。世無比者。王侍郎瀆聞其勤約。因會客以盤餐遺之。石謝曰。甘脆者亦某之願也。但日享之則可。若止修一餐。則明日何可繼乎。朝享膏粱。暮厭

粗糲人之常情也其所以不敢當賜使以食還王咨重之

祠部郎中強至字幾聖少有志節力學問年二十舉開封府進士黜于禮部退而嘆曰非有司之罪吾術未善耳乃益自刻勵讀書屬文志晝夜寒暑吳俗喜遊嬉請謁公閉門一切謝絕當食不揚匕筯蚊蟲噆膚不一舉手撲之曰是皆害吾學之功後果中上第。

范忠宣公純仁娶天章閣待制王質之女封魏國夫人公既娶爲學益篤文正公門下多延賢士如胡瑗孫復石介李遇之徒與公從遊晝夜肄業置燈帳中夜分不寢一舉登皇祐元年進士乙科後公貴魏國猶收其帳頂如墨色時以示諸子孫曰爾父少時勤學燈煙迹也。

盛文肅公度好學家居惟圖書滿前每歸休未嘗釋手或勸之必

休。則曰吾自樂此、非以爲勞也。

衛尉寺丞向綸、雅有奇節、不妄交、自念世祿子弟。溺志膏粱之間
乃晝夜刻苦于學。日誦數千言。一記輒不忘。

虞部郎中李虛舟家貧無書。假本於人。必手自抄錄。夜則絃誦。長
爲辭章、頗出流輩。已上出皇朝名臣四科事實

崇政殿說書滎陽呂公希哲嘗言後生初學。且須理會氣象、氣象
好時、百事是當。氣象者辭令容止、輕重疾徐、足以見之矣、不惟
君子小人於此焉分。亦貴賤壽夭之所由定也宋景文公雜志

夫世無師矣。學者當師經師經必先求其意、意得則心定、心定則
道純道純則充於中者實、中充實則發爲文輝光施於世者果
致。三代兩漢之學不過此也。

學者不謀道久矣。然道固不茀廢而聖人之書如日月卓乎其可

求苟不爲刑禍祿利動其心者則勉之皆可至也。並出廬陵文集

聖希天賢希聖士希賢伊尹顏淵大賢也伊尹耻其君不爲堯舜一夫不得其所若撻于市顏淵不遷怒不貳過三月不違仁志伊尹之所志學顏淵之所學過則聖及則賢不及則亦不失於令名。出濂溪通書

安定胡先生侍講布衣時與孫明復石守道同讀書泰山攻苦食淡終夜不寢一坐十年不歸得家問見上有平安二字即投之澗中不復展讀

安定先生自慶曆中教學于蘇湖間二十餘年束脩弟子前後以數千計是時方尚辭賦獨湖學以經義及時務爲先故學中有經義齋治事齋經義齋者擇疏通有器局者居之治事齋者人各治一事又兼一事如邊防水利之類故天下謂湖學多秀彥。

其出而筮仕往往取高第及爲政多適於世用若老於吏事者
由講習有素也並出胡安定言行録
程先生曰治經實學也譬諸草木區以別矣道之在經大小遠近
高下精粗森列於其中譬如日月在上有人不見者一人指之
不如衆人指之自見也如中庸一卷書自至理便推之於事如
國家有九經及歷代聖人之迹莫非實學也如登九層之臺自
下而上者爲是人患居常講習空言無實者蓋不自得也爲學
治經最好苟不自得則盡治五經亦是空言
富貴驕人固不善學問驕人害亦不細
李籲問每常遇事即能知操存之意無事時如何存養得熟曰古
之人耳之於樂目之於禮左右起居盤盂几杖有銘有戒動息
皆有所養今皆廢此獨有理義之養心耳但存此涵養意久則

自熟矣敬以直內是涵養意言不莊不敬則鄙詐之心生矣貌不莊不敬則怠慢之心生矣

呂與叔嘗言患思慮多不能驅除曰此正如破室中禦寇東面一人來未逐得西面又一人至矣左右前後驅逐不暇蓋其四面空踈盜固易入無緣作得主定又如虛器入水水自然入若以一器實之以水置之水中水何能入來蓋中有主則實實則外患不能入自然無事

志道懇切固是誠意若迫切不中理則反爲不誠蓋實理中自有緩急不容如是之迫觀天地之化乃可知

學者須敬守此心不可急迫當栽培深厚涵泳於其間然後可以自得但急迫求之只是私己終不足以達道

昔受學於周茂叔每令尋顏子仲尼樂處所樂何事

眞知與常知異。嘗見一田夫曾被虎傷。有人說虎傷人。衆莫不驚。獨田夫色動異於衆。若虎能傷人。雖三尺童子莫不知之。然未嘗眞知。眞知須如田夫乃是。故人知不善而猶爲不善。是亦未嘗眞知。若眞知。決不爲矣。

大學乃孔子遺書。須從此學則不差。

孟子才高。學之無可依據。學者當學顏子。入聖人爲近。有用力處。

凡立言。欲涵蓄意思。不使知德者厭。無德者惑。

今之學者。唯有義理以養其心。若威儀辭遜以養其體。文章物采以養其目。聲音以養其耳。舞蹈以養其血脉。皆所未備。

以書傳道。與口相傳。煞不相干。相見而言。因事發明。則并意思一時傳了。書雖言多。其實不盡。

今語道。則須待要寂滅湛靜。形使如槁木。心使爲死灰。豈有直做墻壁木石而謂之道所貴乎智周天地萬物而不遺又幾時要如槁木論心術無如孟子也只謂必有事焉（一本有而勿正三字）今既如槁木死灰則却於何處有事

須是大其心使開闊譬如爲九層之臺須大做根脚始得

孟子論四端處則欲擴而充之說約處則博學詳說而反說約此內外交相養之道也

今志于義理而心不安樂者何也此則正是剩一箇助之長雖則心操之則存捨之則亡然而持之太甚便是必有事焉而正之也亦須且恁去如此者只是德孤德不孤必有鄰到德盛後自無窒礙左右逢其原也

所務於窮理者非道須盡窮了天下萬物之理又不道是窮得一理便到只是要積累多後自然見去

人心作主不定正如一箇翻車流轉動搖無須臾停所感萬端又如置鏡空中無物不入其中有甚定形不學則却都不察及有所學便覺見察得。

伯淳在澶州日修橋少一長梁曾博求之民間後因出入見林木之佳者必起計度之心因語以戒學者心不可有一事。

人心常要活則周流無窮而不滯於一隅。

經所以載道也器所以適用也學經而不知道治器而不適用奚益哉。

大抵學不言而自得者乃自得也有安排布置者皆非自得也。

凡人纔學便須知著力處既學便須知得力處。

人之學不進只是不勇。

古之學者優柔厭飫有先後次序今之學者却只做一場話說務

高而已。常愛杜元凱語若江海之浸膏澤之潤渙然冰釋怡然理順然後爲得也。今之學者往往以游夏爲小不足學然游夏一言一事却揔是實如子路公西赤言志如此聖人許之亦以此自是實事後之學者好高如人游心於千里之外然自身却只在此。

古人爲學易自八歲入小學十五入大學舞勺舞象有絃歌以養其耳舞干羽以養其氣血有禮義以養其心又且急則佩韋緩則佩弦出入閭巷耳目視聽及政事之施如此則非僻之心無自而入今之學者只有義理以養其心。

問學何以至有覺悟處曰莫先致知能致知則思一日愈明一日。久而後有覺也學而無覺則何益矣又奚學爲思曰睿睿作聖纔思便睿以至作聖亦是一箇思故曰強勉學問則聞見博而智益明。

士之於學也猶農夫之耕農夫不耕則無所食無所食則不得生

士之於學也其可一日舍哉

學者言入乎耳必須著乎心見乎行事如只聽他人言却似說他人事己無所與也

問聖人之經旨如何能窮得曰以理義去推索可也學者先須讀論孟窮得論孟自有箇要約處以此觀他經甚省力論孟如丈尺權衡相似以此去量度事物自然見得長短輕重某嘗語學者必先看論語孟子今人雖善問未必如當時人借使問如當時人聖人所荅不過如此今人看論孟之書亦如見孔孟何異

凡讀史不徒要記事跡須要識治亂安危興廢存亡之理且如讀高帝一紀便須識得漢家四百年終始治亂當如何是亦學也

先生每讀史到一半便掩卷思量料其成敗然後却看有不合處又更精思其間多有幸而成不幸而敗今人只見成者便以爲是敗者便以爲非不知成者煞有不是敗者煞有是底。

今人多不會讀書如誦詩三百授之以政不達使於四方不能專對雖多亦奚以爲須是未讀詩時授以政不達使四方不能專對既讀詩後便達於政能專對四方始是讀詩人而不爲周南召南其猶正牆面而立須是未讀周南召南一似面牆到讀了後便不面牆方是有驗大抵讀書只此便是法。如讀論語舊時未讀是這箇人。及讀了後又只是這箇人便是不曾讀也。

唐棣初見先生問學如何曰入德之門無如大學今之學者賴有此一篇書存其他莫如論孟（已上出程氏遺書）

皇朝仕學規範卷第一

爲學　行己

仕學規範

卷二至四

皇朝仕學規範卷第二

爲學

學在知其所有。又養其所有。

學如不及。猶恐失之。不得放過也。

學始於不欺闇室。

學者有所得。不必在談經論道間。當於行事動容周旋中禮得之。

學者不學聖人則已。欲學之。須是熟玩聖人氣象。不可止於名上理會。如是只是講論文字。

張思叔請問其論或太高。伊川不荅。良久曰。累高必自下。

謝子與伊川別一年。往見之。伊川曰。相別又一年。做得甚工夫。謝曰。也只去箇矜字。曰何故。曰子細檢點得來。病痛盡在這裏。若按伏得這箇罪過。方有向進處。伊川點頭。因語在坐同志者曰。

此人爲學切問近思者也。

謝顯道云。學者先學文。鮮有能至道。至如博觀泛覽。亦自爲害。故明道先生教余。嘗曰。賢讀書。謹不要尋行數墨。

謝顯道習舉業。已知名。往扶溝見明道先生受學。志甚篤。明道一日謂之曰。爾輩在此相從。只是學某言語。故其學心口不相應。盍若行之。請問焉。曰且静坐。伊川每見人静坐。便嘆其善學。已

上出程氏外書

學者所志至大。猶恐所得淺。況可便志其小。苟志其小。志在行一節而已。若欲行信。亦未必能信。自古有多少要如仲尼者。然未有如仲尼者。顔淵學仲尼。不幸短命。孟子志仲尼。亦不如仲尼。要見聖人。無如論孟爲要。論孟二書。於學者大足。只是須涵泳。

聞見之善者。謂之學則可。謂之道則不可。須是自求於己。能尋見

義理則自有旨趣。自得之。則居之安矣。

義理之學。亦須深沉。方有造。非淺易輕浮之可得也。蓋惟深則能通天下之志。

爲學大益。在自能變化氣質。不爾。卒無所發明。不得見聖人之奧。故學者先須變化氣質。

心解則求義自明。不必字字相校。譬之目明者。萬物紛錯於前。不足爲害。若目昏者。雖枯木朽株。皆足爲梗。

觀書且不宜急迫了。意思則都不見。須是大體上求之。言則指也。指則所視者遠矣。若只泥文而不求大體。則失之。是小兒視指之類也。常引小兒以手指物示之。而不能求物以視焉。只視於手。及無物。則加怒耳。

書多閱而好忘者。只爲理未精耳。理精則須記了。無去處也。仲尼一以貫之蓋只著一義理都貫卻學者但養心識明靜自然可見死生存亡皆知所從來胷中瑩然無疑止此理爾孔子言未知生焉知死蓋略言之死之事只生是也更無別理

學者不可謂少年自緩便是四十五十二程從十四歲時便鋭然欲學聖人今盡及四十未能及顏閔之徒小程可如顏子然恐未如顏子之無我

今人為學如登山麓方其迤邐之時莫不闊步大走及到峭峻之處便止須是要剛決果敢以進

學之不勤者正猶七年之病不蓄三年之艾今之於學加功數年自是享之無窮人多是恥於問人假使今日問於人明日勝於人有何不可如是則孔子問於老聃萇弘郯子賓牟賈有甚不得聚天下衆人之善者是聖人也豈有得其一端而便勝於聖

人也。

學不長者無他術。惟是與朋友講治。多識前言往行。以育其德。

義理有疑。則濯去舊見。以求新意。心中苟有所開明。便劄記。不思則還塞之矣。更須得朋友之助。一日間朋友論着。則一日間意思差別。須日日如此講論。久則自覺進也。

學者只是於義理中求。譬如農夫。是穮是蔉。雖有饑饉。必有豐年。蓋求之則須有所得。已上出橫渠理窟

學者觀書。每見每知新意。則學進矣。

有志於學者。都更不論氣之美惡。只看志如何。匹夫不可奪志也。惟患學者不能堅勇。已上出橫渠語錄

子路無宿諾。人告以有過則喜。有聞而未能有行。惟恐有聞。此可謂有勇矣。學者之病。常在於無勇。使之勇焉。中庸之極。可坐而

臻也。出臨川集講說録

予幼時。先君日課令誦文選。甚苦其詞與字難通也。先君因曰。我見小宋（即景文公）説。手抄文選三過。方見佳處。汝等安得不誦。由是知前輩名公爲學。大率如此。出塵史

學者所以求治心也。學雖多而心不治。安以學爲。出涑水迂書

先生謂馬永年曰。吾友後生。未可遽立議論以褒貶古今。蓋見聞未廣而涉世淺故也。且如孔子萬世師也。方孟僖子且死。戒其嗣懿子師孔子。時孔子年尚少也。又齊景公晏子適魯問禮。時孔子方年三十。其後孔子年五十餘。方歷聘諸國。十四年而歸魯。時孔子年六十三歲。乃始刪詩定書。繫周易作春秋。只數年間了卻一生著述。蓋是時學問成矣。涉世深矣。故其著述始可爲後世法。譬如積水於千仞之源。一日決之。滔滔汩汩直至于

海其源深也若夫潢潦之水乍流乍涸終不能有所至其源淺也古人著書多在暮年蓋爲此也

先生曰某之北歸與東坡同途兩舟相銜未嘗三日不相見嘗記東坡自言少年時與其父并弟同讀富鄭公使北語録至於說大遼國主云用兵則士馬物故國家受其害爵賞日加人臣享其利故凡北朝之臣勸用兵者乃自爲計非爲北朝計也虜主明知利害所在故不用兵三人皆歎其言以爲明白而切中事機時老蘇謂二子曰古人有此意否東坡對曰嚴安亦有此意但不如此明白老蘇笑以爲然先生又云前輩讀書例皆如此故謂之學問必見於用乃可貴不然即腐儒爾武帝時嚴安上書諫用兵其略云今徇南夷朝夜郎深入匈奴燔其龍城議者美之此人臣之利非天下之長策也鄭公之言其源出於此已

上出元城語録

司馬温公嘗言書不可不成誦或在馬上或中夜不寢時詠其文思其義所得多矣。

公又云司馬文正對賓客無問賢愚長幼悉以疑事問之有草簿數枚常致坐間苟有可取隨手記録或對客即書率以爲常其書字皆眞謹公見時已有三十餘簿。出元城譚録

胡珵問學者所守要道畢竟如何公曰尋常未嘗與人言既蒙下問不敢不對學者所守要道亦只是一字更無兩字只一勤字盡矣學者能勤則邪僻無自而生中立門人有黄鍰者亦見問嘗以是告之珵曰甚善甚善只爲至誠無息學者誠以爲主勤以行之不亦善乎公曰誠是本勤是末求之不已謂之勤纔有間斷便不可謂勤也出南都道護録

范文正在睢陽掌學。有孫秀才者。索遊上謁文正。贈錢一千。明年。孫生復道睢陽。謁文正。又贈十千。因問何爲汲汲於道路。孫生戚然動色曰。母老無以養。若日得一百錢。則甘旨足矣。文正曰。吾觀子辭氣。非乞客也。二年僕僕。所得幾何。而廢學多矣。吾今補子爲學職。月可得三千以供養。子能安於學乎。孫生大喜。於是授以春秋。而孫生篤學不捨晝夜。行復脩謹。文正甚愛之。明年。文正去睢陽。孫亦辭歸。後十年。聞泰山下有孫明復先生以春秋教授學者。道德高邁。朝廷召至。乃昔日索遊孫秀才也。出東軒筆錄

王荆公教元澤求門賓。須博學善士。或謂發蒙恐不必然。公曰。先入者爲之主。

楊中立云。人要爲善。須先明善始得。

陳并巨中勸學文云。凡不可與父兄師友道者。不可爲也。凡不可與父兄師友爲者。不可道也。

呂原明謂六經。藥方也。史傳。是人之服藥之效也。

君子之學貴乎一。一則明。明則有功。

君子之學必日新。日新者日進也。不日新者必日退。未有不進而不退者。唯聖人之道無所進退。以其所造者極也。已上出晁氏客語

忠憲公少年家貧。學書。無紙。莊門前有大石。就上學書。至晚洗去。遇烈日及小雨。即張弊繖以自蔽。時世間印板書絕少。多是手寫文字。每借人書。多得脫落舊書。必節錄甚詳。以備檢閱。蓋難再假故也。仍必如法縫粘。方繼得一觀。其艱苦如此。今子弟飽食放逸。印書足備。尚不能觀。良可愧耻。出韓莊敏公遺事

學者纔有些所得。便住。人多易住。唯顏子善學。故孔子有見其進

未見其止之嘆。須是百尺竿頭更進步始得。

今之學。須是如饑之須食。寒之須衣始得。若只欲彼善於此則不得。

或問或曰。我初學問事。必不當。人必笑。然我未有所得。須直情言之。若掩藏畏人笑。徒自欺耳。此言如何。曰是也。謂同坐諸子曰。亦須切記此語。已上出上蔡語録

皇朝仕學規範卷第二

皇朝仕學規範卷第三

爲學

語羅仲素云今之學者只爲不知爲學之方又不知學成要何用此事體大須是曾著力來方知不易夫學者學聖賢之所爲也欲爲聖賢之所爲須是聞聖賢所得之道若只要博通古今爲文章作忠信愿慤不爲非義之士而已則古來如此等人不少然以爲聞道則不可且如東漢之衰處士逸人與夫名節之士有聞當世者多矣觀其作處責之以古聖賢之道則略無毫髮髣髴相似何也以彼於道初無所聞故也今時學者平居則曰吾當爲古人之所爲纔有事到手便措置不得蓋其所學以博通古今爲文章或志於忠信愿慤不爲非義而不知須是聞道故應如此由是觀之學而不聞道猶不學也

語仲素云某常有數句教學者讀書之法云以身體之以心驗之從容默會於幽閑靜一之中超然自得於書言象意之表此蓋某所爲者如此。已上出龜山語録

康節先公少日遊學先祖母李夫人思之恍惚至倒誦佛書康節亟歸不復出夫人捐館康節特毀甚躬自爨以養祖父置家蘇門山下康節獨築室于百源之上時李丞之子挺之東方大儒也權共城縣令一見康節心相契授以大學康節益自克勵三年不設榻晝夜危坐以思寫周易一部貼屋壁間日誦數十遍聞汾州任先生者有易學又往質之挺之去爲河陽司户曹康節亦從之寓州學貧甚以飲食之油貯燈讀書一日有將校自京師出戍者見康節曰誰苦學如秀才者以紙百幅筆十枝爲獻康節辭而后受每舉此語先夫人吾少日艱難如此當爲子

孫言之。

伯温少時，因讀文中子至使諸葛武侯無死，禮樂其有興乎，因著論以謂武侯霸者之佐，恐於禮樂未能興也。康節先公見之怒曰：汝如武侯猶不可妄論，況萬萬相遠乎。以武侯之賢，安知不能興禮樂也。後生輒議先賢，亦不韙矣。伯温自此於先達不敢妄論。已上出邵氏聞見録

讀書須是看聖人用心處，自家臨事時一一要使。

學問雖是要從師，然頼朋友相成處甚多。師只是開其大端，又體皃嚴重，若於從容閑暇之際，委曲論難，須是朋友便發明得了細。已上出涪陵記善録

吕居仁云：學問當以孝經、論語、中庸、大學、孟子爲本，熟味詳究，然後通求之詩、書、易、春秋，必有得也。既自做得主張，則諸子百家

長處皆爲吾用矣。

滎陽呂公嘗說楊學士應之樂善少比聞一善言必書而記之。滎陽公嘗書于壁云惟天子爲能備物惟聖人爲能備德。應之遽取筆錄記之。

滎陽公入學時二十一歲矣。胡先生實主學。與黃右丞安中履。邢尚書和叔恕同齋舍。時安中二十六歲爲齋長。和叔十九歲。安中方精專讀書。早辰經書每授五百遍。飯後史書可誦者百遍。夜讀子書每授三百遍。每讀書危坐不動。句句分明。

滎陽公教學者讀書。須要字字分明。仍每句最下一字尤要聲重。則記牢。

張橫渠詩云。若知居仁宅。先須入禮門。溫公作橫渠哀辭以教人學雖博要以禮爲先。伊川先生云。子厚以禮教學者最善。先有所据守。然則横渠之教。以禮為本也。

顧公子敦内翰嘗語東萊公云。學者須習不動心。事緒之來。每每自試。乆乆之間。果能不動。則必自知曰我不動矣。由此觀之。前輩所以自立。非徒然也。

陳瑩中嘗云。學者須常自試。以觀己之力量進否。易曰。或躍在淵。自試也。此聖學也。

楊應之學士言。後生學問聰明强記不足畏。惟思索尋究者為可長耳。

滎陽公嘗言。所在有鄉先生處。則一方人自別。葢漸染使之然也。人豈可以不擇鄉就士哉。

李君行先生嘗言。學者當以經書論語孟子如秤相似。以秤量衆說其輕重等者。正也。其不等者。不正也。

後生學問且須理會曲禮少儀禮儀等學灑掃應對進退之事。及先理會爾雅訓詁等文字。然後可以語上下學而上達。自此脫然有得。自然度越諸子也。不如此則是躐等。犯分陵節。終不能成就。先傳焉。孰後倦焉。不可不察也。

正獻公每時節必問諸生有進益否。已上出呂氏童蒙訓

士大夫學術須正。一或不正。往往操履皆邪。其爲利害。不止及其一身。吁。可畏也。然士夫孰不自以爲正。柰何其始辨之不明。講之不詳。得其形似。執而不化。遂爲終身之害。只如教小兒。自其發蒙時教之以正。如曲禮言幼子常視毋誑。亦此理也。漢景帝鼂錯教用術數。宜其亦不免也。

或問獨學無友當如何。曰。讀古人書。不可作死法看。如此則便是益友。

善畫者於一枝一葉意象思索僅得其似而化工一陶千枝競發萬葉爭秀濃纖小大不失毫髮其勞逸不同而真僞自分人之所得於心與得於人者萬萬相遠此可與知者道

或問學者欲正心如何下工曰須明乎善不然又恐錯認已上出横浦語録

書猶麯糵學者猶秫稻秫稻必得麯糵則酒醴可成不然雖有秫稻無所用之今所讀之書有其文雄深者有其文典雅者有富麗者有俊逸者合是數者雜然列于胷中而咀嚼之猶以麯糵和秫稻也醞釀既久則凡發於文章形於議論必自然秀絶過人矣故經史之外百家文集不可不觀也

學者苟專意時文不知研窮經史則舉業之外叩之空空亦可耻矣蓋學經所以正吾心觀史所以行吾決安可視爲不急之務

故前輩謂久不以古今灌溉胸次試引鏡自覩面目必可憎對
人亦語言無味正謂此也。
己以爲是衆以爲非己以爲非衆以爲是吾將何從曰學而已矣
學而明乎善則是非不愧於聖人矣否則是非皆私心爾奚擇
焉。
孔門學問非徒載之空言必期見於行事故子貢問孔子有一言
而可以終身行之者乎孔子告之以其恕乎子貢行此一語平
生銓品之心一旦消殞至謂紂之不善不如是之甚仲弓問仁
孔子告之以出門如見大賓使民如承大祭仲弓行此二句至
於可使南面學云學云空言云云乎哉。
朋友講習固天下樂事不幸獨學則當尚友古人可也故讀論語
如對孔門聖賢讀孟子如對孟子讀杜子美詩蘇文則又凝神

靜慮如目擊二公如此用心。雖生千載之下。可以見千載之人矣。

君子之學。豈志在取一第。效一官而已。飲食起居。皆宰相事業也。

文字有眼目處。當涵泳之。使書味存于胷中。則益矣。韓子曰。沉浸醲郁。含英咀華。正謂此也。

六經之書。浩博而難窮。故讀易者如無春秋。讀書者如無詩。學者莫若精意語孟。語孟中得趣。則六經皆可觸類而知矣。

山谷答王觀復書云。所示詩文。皆興寄高遠。但語生硬。不諧律呂。或詞氣不逮。初造意時。此病亦只是讀書未精博爾。以此知讀書雖貴博。然博而不精。亦無益也。

如看唐朝事。則若身預其中。人主情性如何。所命相如何。當時在朝士大夫。孰為君子。孰為小人。其處事孰為當。孰為否。皆令胷次曉然。可以口講而指畫。則機會圓熟。他日臨事。必過人矣。

凡前古可喜可愕之事。皆當蓄之於心。以此發之筆下。則文章不爲空言矣。已上出張橫浦日新

夫理不窮。則物情不盡。物情不盡。則擇義不精。義不精。則用不妙。用不妙。則不能所居而安。居不安。則不能樂天。不能樂天。則不能成其身矣。故學必以窮極物理爲先也。然非身親之。則不能知味。

大體既是。正好用工。近察諸身。遠察諸物。窮竟萬理。一以貫之。直造寂然不動之地。然後能吉凶與民同患。爲天之所爲矣。此聖門事業也。

堯授舜。舜授禹。曰人心惟危。道心惟微。微言微妙也。危言無常也。故孔聖自十五志于學。積十五年工夫。然後敢以立自許。自是

而後每積十年工夫而後一進。不至縱心所欲不踰矩。則猶有人心消磨未瑩徹也。及至縱心所欲不踰矩。方才純是道心。與天無二。故中庸稱孔聖之德。終以天地之所以爲大結之。更不稱仲尼也。今之學道者。少有所得。則忻然以天地之美爲盡在己。自以爲至足矣。就世俗而言之。亦可謂之君子。論於聖人之門。乃是自弃自暴者耳。

學者所以學爲治也。講之熟。則義理明。義理明。則心志定。心志定。則當其職而行其事。無不中節。可以濟人利物矣。反是則其害豈可勝言。已上出五峯遺文

伊川之學無虛頭。只要實塌塌地用功踐履。一節節行到。

伊川云敬以直內。凡人修學當先以敬爲主。此蓋顏氏克己復禮之說。其門庭大率先要躬行耳。已上出蒲氏漫齋録

皇朝仕學規範卷第三

皇朝仕學規範卷第四

行己

魏侍中仁浦性長厚在顯位未嘗有驕矜之色接士大夫尤有禮解州刺史鄭元昭嘗因事謗仁浦仁浦既貴終以德報之語在元昭傳又漢隱帝寵作坊使賈延徽延徽與仁浦爲鄰嘗欲幷仁浦之第以廣其居屢譖仁浦於隱帝幾至不測及周祖入汴或有擒延徽以授仁浦者仁浦謝曰因兵戈而報怨不忍爲也周祖聞之稱爲長者

范魯公質性卞急好面折人然廉介未嘗受四方饋遺自内苑至相位僅三十年所得俸禄多給孤遺閨門之中食不二味故身歿之後家無餘財後 太祖因講求輔相謂侍臣曰朕聞范質居第之外不營產業眞宰相也並出太祖朝名臣傳

竇偁太平興國七年夏以本官知政事先是偁與賈琰在　上
幕府琰便佞能先意希旨偁常疾之　上與諸王宴射琰侍
上側頗稱贊德美詞多矯誕偁叱之曰賈氏子巧言令色豈不
愧於心哉坐上失色　上亦爲之不樂因罷會　太祖
出偁涇州至是始大用偁中謝　上謂曰汝自揣何以至此
偁曰　陛下以藩邸之舊出於際會　上曰非也乃汝嘗
面折賈琰賞卿之直耳偁頓首謝

魏咸熙故宰相仁浦之子也性仁孝長者弟咸信任節度使駙馬
都尉奴僕衆多費用益廣咸熙所受先人貲財市邸第得緡錢
以十七八與弟咸熙裁取一二自給而已累典藩郡所至皆理
性寬厚嘗一日召僚友宴飲初罷兩浙轉運使市得越中陶器
因大治具羅列之侍者數人舉食桉前相嘲誚反桉盡碎之坐

客皆失色。咸熈不之怒。止令吏設他器別爲盛饌。亦不答責。侍者。寛厚有器度。專務掩人過。部下吏有材術。孜孜引薦。

李文正公昉素與盧多遜善。待之不疑。多遜知政事。多譖昉於上。人有言於昉者。昉曰。盧與我厚。不當爾。後盧事敗。昉頗爲揮解之。上因言盧多遜居常毀卿不直一錢。昉始信。上由此益重昉。

正侍郎祐之知制誥也。盧多遜與宰相趙普相傾。每諷祐欲與己協。共擠普。祐不從。以爲唐宇文融嘗與張說有隙。時說爲融所擯而出。及說復入。融遂敗。祐因以融傳示多遜。多遜不悅。及多遜參知政事。乃出祐華州。後終以陰事中普。及普復入。多遜果及禍。與宇文融事正同。識者以是許祐之先見。

上嘗詔於史館集撰神醫普救千卷。中官王文壽監視其事。權勢甚盛。館

中學士皆往謁見待之甚厚祐獨不請謁人亦以是多之有集三十卷行於世祐死之日家無餘財搢紳稱其清儉已上出

太宗朝名臣傳

曹侍中彬小心畏謹遜言恭色在朝廷未嘗抗辭忤旨被服清素有同儒者尤踈財利未嘗聚蓄局量寬博喜慍不形未嘗言人過平蜀迴　太祖因從容問以官吏善否彬曰臣止監軍旅至於采察官吏非所職也及固詢之惟薦隨軍轉運沈倫謹厚可任居公庭必冠帶危坐如對君父不名下吏見百執事必荅拜甚為藩帥遇朝士於塗必引車避之過市則戒騶御不令傳呼北征之失律也趙昌言自延安還被劾未得入見彬在近密遽為上請歸休閑閤門無雜賓揔戎伐罪濟以仁恕保功名守法度近代良將稱為第一

呂正惠公端姿儀環秀有器量寬厚多恕善談諧意豁如也雖屢經擯退未嘗以得喪介懷深爲當世所服端善與人交輕財好施未嘗問家事故相馮道耀帥趙文度皆鄉里世舊道子病廢分俸給之又表薦文度孫紹宗

錢樞密若水有清識風流儒雅好學善談論尤愛西漢書常日讀一卷事繼母以孝聞所至推誠待物委任寮佐而總其綱領無不稱治汲引士類孜孜忘倦後進多所嚮慕其在樞近同年生有爲縣佐每謁見若水必序齒而拜之

李文靖公沆博涉文史識大體內行脩謹居位謹密門無私謁公府視事之暇多危坐終日未嘗跛倚其嚴重温雅公忠直諒近代之賢相也

郭尚書贄初作賦頗有聲邑人同在籍中者忌之潛加謗毀自是

連上不中選洎贄再知貢舉邑人子以明經充薦詔下之日悔而歸贄聞之亟命親善者召還慰諭俾復就舉遂預薦中第

呂許公蒙正性沉靜寡言有器量以守道持正稱初爲相時金部員外郎張紳知蔡州坐贓免或有言於　太宗曰紳洛中豪家安肯受賄此乃蒙正未第時與索於紳不能如意以致其罪耳　太宗即時復紳官蒙正終不自辯未幾罷政柄會置考課院得紳舊事實狀黜爲絳州團練副使蒙正復入相　太宗謂曰張紳果實犯贓蒙正亦不謝在西京日内臣之貴要者將命而至蒙正接之不踰常禮時人重之

王文正公旦端重介直操履堅正明達治體接物若甚和易而風格峻整當官臨事莊厲不可犯其爲相也屬罷兵之後朝廷求治旦能遵守法度承導善意妙於啓奏言簡理順有識略善鎮

定大事。謹惜名器。敘進材品。使人各得其所。雖咈於己者。亦不以私廢公。陰薦天下士。有終身不知者。縉紳咸伏其平恕。久於其位。始終如一。　上優待之。沖澹寡欲。奉身至薄。所居舊第甚陋。被服質素。家人欲以繒飾氈席。慍而不許。在中書未嘗奏蔭諸子。婚姻不求門閥。事寡嫂有禮。與弟友愛甚篤。留意文雅。及近世典章官族。志在敦獎名教。中外莫不欽其風德。爲國宗臣。　上所尊禮。蓋平世之良相也。

杳龍圖道。嘗出按部。路側有佳棗。從者摘之以獻。道即令計直。挂錢於木上而去。家甚貧。多聚親識之惸獨者。祿賜所得。散施隨盡。不以屑意。與人交。情分切至。廢弃孤露者。待之愈厚。多周給之。嘗有僚女。貧爲人婢。道知而贖之。爲嫁士族。縉紳推服其履行。

趙文定公安仁質直純愨敦守操行外晦内明無矯飾小心畏謹以謙退自處有所獻替退公必削藳尤寛恕與物無競雖家人僕使未嘗見其慍色女弟寡居取歸給養其甥尚幼躬自教導為畢婚嫁甥卒并葬其父及諸親少與宋元與同學元與門地貴盛待安仁甚厚元與早卒裔嗣衰替安仁屢以金帛濟之善訓諸子手寫周易論語孝經老子凡七子人授一部雖至貴顯簡儉若平素尤嗜讀書所得禄賜多置典籍手自讎校

崔吏部遵度深於文學篤厚長者與物無競口不言是非沖澹清介恬於勢利遵度僦舍甚湫隘中有小閣手植竹數竿朝謁之暇默坐其上彈琴獨酌脩然自適殆忘寢膳處世寡合然與人交終始無改士君子多之已上出眞宗朝名臣傳

初張文節公知白參知政事而王欽若為相論議多相失因而請

解去及丁謂爲相欽若謫司農卿分司南京乃徙知白南京意其報怨及至待欽若加厚論者多之

鼂文元公迥樂易純固服道甚篤雖貴埶無所摧屈嘗言歷官臨事未嘗挾情害人危人售進保全固護如免髮膚之傷

王文正公曾前後輔政十年每進見言天下利害事多審而中理性純儉衣無華采居家聲御罕見其喜愠色人無敢干以私每入朝盛服進止如有尺寸

狄密學棐在河中時内臣旁午有自矜權寵者欲引援之棐荅以他語退謂所親曰吾湘潭一寒士今官侍從豈晚節緣近倖以希進哉及其終家無餘貲

吳龍圖遵路性夷雅謹重寡言笑善與人交初若平淡然風義久而彌著立朝敢言丁母喪廬墓側蔬食終制既沒家無長物其

友范仲淹分俸賙其家。
翟工部立性淳謹。喜論事。大中祥符中。　眞宗方修封禪之事。士大夫爭獻贊頌。立獨言水發徐兗。旱連江淮。無爲有烈風金陵有大火。是天所以戒驕矜。而中外多上雲露草木禽蟲諸物之端。此何足爲治道哉。願詔史官勿復紀録。前後凡上四十餘事。多所施用。
韓文忠公億。性方重。治家嚴而有法。雖燕居未嘗見惰容。其親舊之孤藐者。多爲昏葬之。
章文憲公得象。性簡重。在翰林十二年。恬然自得。　章獻太后常遣内侍至院。必正色嚴待之。未嘗交一言。在中書八年。子弟親戚皆抑而不進。
稽内翰穎。舉進士時。王曾張知白相繼爲南京留守。謂其子弟曰。

穎謹厚篤學。若曹之師表也。張堯封嘗從穎學。所爲文多納穎家。其後堯封女入禁中爲修媛。令其弟化基詣穎求編次其父藁爲序以獻之。穎不答。亦不以獻。

范文正公仲淹。內剛外和。性至孝。以母在時方貧。其後非賓客不重肉。妻子衣食僅能自充。而好施予。置義莊里中。以贍宗屬。況愛樂善士人。多出其門下。雖里巷之人。皆知其名字。又所至有恩。鄧慶二州之民與屬羌。畫像而生祠之。

杜正獻公衍。素清約。初無居第。既退。始卜家南都。餘十年。出入童指六七人。若平生無軒冕者。

孔寺丞旼。隱居龍興之龍山下。性介潔。好讀書。家有田數頃。賦稅嘗爲鄉里所先。又歲飢。賙所不給者。未嘗計其家有無。故環所居百餘里。人皆愛慕之。葬其父。廬墓三年。卧破棺中。日食米一

溢州以行義聞。賜之粟帛。又給復其家。已上出仁宗朝名臣傳

皇朝仕學規範卷第四

仕學規範 卷五至八

行已

◎

皇朝仕學規範卷第五

行己

宋文憲公庠儉約不好聲色讀書至老不倦尤畏法在州使丁覺堂塗取卮酒與之後知誤取公使立償之而取予者皆被罰沈邈嘗爲京東轉運使數以事侵庠後任御史又彈奏庠不可以爲執政及庠在洛邈子監麴院因出借縣人負物杖之道死死者實以他疾而邈子爲府屬所惡欲痛治之以法庠獨不肯曰此何足以爲罪也人以此稱庠長者出 英宗朝名臣傳

胡文恭公宿爲人清儉謹默內剛外和羣居不譁與人言必思而後對故其蒞官臨事謹重不輒發發亦不可回止宿少嘗善一浮圖其人將死謂宿曰我有祕術能化瓦石爲黄金子其葬我以此報子宿曰後事敢不勉祕術非吾欲也浮圖歎曰子之志

未可量也篤行自勵至於貴顯常如布衣時學問文章人多稱之。

彭尚書思永清謹長者尤長於吏事年八九歲時晨得闌遺金釵於門外俟有吏至皇皇然若有求者思永以物色訪之果墜釵者也即以與之吏謝以錢思永笑不受在家撫宗族有恩居母喪貧甚終不受饋遺。

張恭安公存性孝友始罷蜀州歸得蜀州奇繒物入門不以適私室悉布之堂上諸母及昆弟姨妹恣擇取之收卹族人之孤嫠者爲之婚嫁爲人莊重雖家居衣冠不具不以見子孫。

呂諫議誨初祖端卒家日益貧誨既仕自奉養薄甚常分俸之半以給宗族之孤嫠者爲言職前後三逐皆以彈奏大臣不法不去不已由是有鯁直名。

歐陽文忠公脩性剛直處善惡黑白明於當路有權勢雖知其設
機穽見待必直前觸發之不顧其放逐流離至數年者屢矣而
復振起志氣故自若也脩雖以文雄一時然無忌前好勝之氣
喜推轂賢士而身下之一時聞人多出其門

張侍讀瓌雖資長者然遇事輒言數忤權貴屢黜不悔恬於進取
其不磨勘遷官者率嘗至十餘年

邵康節雍字堯夫衛州人家世貧賤雍刻厲爲學夜不就席者數
年雍嘗適吳楚過齊魯客梁晉而歸徙居于洛蓬蓽環堵躬爨
以養父母講學于家不强以語人而就問者日衆士人道洛者
必過其廬雍與人言必依於孝悌忠信樂道人之善不及其惡
故賢不肖無不親之爲人坦夷無表襮防畛不爲絶俗之行

張康節公昪忠信儉謹不受請謁分俸禄以及九族故舊退居十

餘年葺田廬於嵩陽紫虛谷澄心養氣不問時事耆老而耳目聰明。

單光祿孟陽與兄熙甚友愛少時熙與人鬭鬭者邂逅死未有知者孟陽曰家貧親老所賴以養者兄也不可不代之死乃趣往鬭所以待捕已而死者蘇問孟陽孟陽告以故鬭者感歎遂不訟。

曾舍人鞏少孤奉母孝鞠養四弟九妹甚友愛宦學婚嫁一出鞏力。已上出神宗朝名臣傳

司馬文正公光自始立朝至於爲相上則爲人主之所信下則爲海內之所安至於遐陬外夷聞其名者莫不心慕而誠歸之求其所以爲之者而不可得端明殿學士蘇軾嘗載光語晁補之之言曰吾無過人但平生所爲未嘗有不可對人言者耳則傳

所謂微之顯，誠之不可揜，詩所謂相在爾室，尚不愧於屋漏，光實有焉。

朱觀使壽昌生數歲，父守雍，出其母劉氏嫁民間，母子不相知者五十年。壽昌行四方求之不已，飲食罕御酒肉，與人言輒流涕，以浮屠法灼臂燒頂，刺血寫佛書，冀遂其志。熙寧初，棄官入秦，與家人訣，誓不見母不得還。行次同州，得焉。劉氏時年七十餘矣。雍守錢明逸以事聞，詔壽昌還就官，繇是天下皆知其孝。壽昌再爲郡守，至是以母故通判河中府，迎其同母弟妹以歸。居數歲，母卒，涕泣幾喪明，有白烏集墓上。拊其弟妹益篤，爲買田居之。其於宗族尤盡恩意，嫁兄弟之孤女二人，葬其不能葬者十餘喪，蓋其天性如此。

張正議問初與种世衡善，及持父喪，世衡遺以汝州田十頃，辭弗

受使者在塗而世衡卒乃以還其子古古用父命亦不受凡燕
廢者三十年元豐中郡守劉斐請以田給州學朝廷以還种氏
陳敎授烈性介僻篤於孝友年十四繼失怙恃水漿不入口者五
日自壯迨老享奉如事生禮寢興晦朔未嘗輟甫冠力學不羣
平居端嚴終日不言雖童僕如對大賓里有冠昏喪祭請而後
行從學者數百人父兄有善訓其子弟者必舉烈言行以示之
鄉里饋遺絲毫無所受歲收偶有餘推以濟貧乏
馮文簡公京登第時張堯佐倚外戚欲妻以女使卒擁入其家頃
之中人以酒殽至且示以奩具甚厚京固辭曰老母已議王氏
終弗就
彭待制汝礪與人寡合然有志於善爲御史嘗論呂嘉問及治嘉
問獄不肯阿執政意坐奪一官平時與蔡確異趣使外十年確

被貶又爲之力辨人以此賢之居家孝友事寡嫂謹甚兄無子爲立後官之又官其弟汝方而後及其子少時師事桐廬倪天隱及官保信迎天隱置于學執弟子禮事之天隱死無子爲幷其母葬之又葬其妻且割俸資其女同年進士宋渙未官而死經理其後甚至

文忠烈公彥博在樞府臣惠普以妖妄就逮有司奏搢紳所與簡牘一時公卿多有之獨彥博無有 神宗問其故對曰臣但不知爾如知之亦當有書時人美其分謗

趙郡王世開事繼母三十年如一日撫孤姪如己子執母喪哀毀一夕鬚半白捐金帛以賙族人之貧及不能葬者已上出哲宗朝名臣傳

王御史回召爲睦親廣親宅講書鄒浩貶新州人莫敢顧回獨爲之治裝且慰安其母邏者以聞追詔獄人爲回懼回處之晏

然。獄具。削籍。遣還其鄉。回即日徒步出城。行數十里。其子追及之。問以家事。不荅。

范開府純仁。性夷易寬簡。嘗曰。吾平生好學。得之忠恕二字而已。歷事四世。無間言。自爲布衣至宰相。廉儉如一。所得俸賜。皆以廣義莊。前後任子。恩多先疎族。歿之日。幼子五孫猶未官。

蘇司空頌。天性仁厚。宇量閎遠。喜慍不形於色。資質端靖。雖燕居必正衣冠危坐。家人莫見惰容。

王資政存。性寬厚。儀狀偉然。平居恂恂。不爲詭激之行。至有所守。確不可奪。司馬光嘗曰。並馳萬馬中。能駐足者。王存乎。少事穎川陳浚。浚死無子。存貴。求得其弟之子官之。且卹其家終身。嘗悼近世學士貴爲公卿。而祭祀其先。但循庶人之制。及歸老。築居。首營家廟。存唯一兄蚤世。事寡嫂甚謹。撫其子如己出。

曾閣學孝廣爲人嚴重不妄取與平居必正容色大書修謹二字銘諸座右。

任提宮伯雨性剛鯁持論勁正邃於經術文力雄健蜀人師仰之爲諫官僅半歲所上一百八䟽皆係天下治體。

陳觀使瓘篤學有識志不茍合居父母喪廬墓鄉曲重之初蔡卞知其才待遇加禮瓘不肯附麗瓘恬於進取雖諸公交薦往往退避迨居言路所䟽姦惡雖所舉不避也。

蘇朝散元老外和柔中實勁厲中官梁師成欲見之先使人求其文元老拒弗與爲考功也郊恩當任子以季弟元凱早亡乞奏補其仲弟元亮使收養其孤朝廷從之。

黃直閣葆光天資剛正尚氣節善論事會文切理不爲橫議所移方蔡京權勢震赫臺諫不敢言獨出力排之時議推重。已上出

徽宗朝名臣傳

司馬尚書朴。累調晉寧軍士曹軍通判不法。轉運使王似諷朴伺其過。朴不可曰。守貳爲長官使下吏得附之。不唯亂常。人且不食吾餘矣。死不敢奉教。似賢而薦之。

譚端明世勣。爲祕書省正字。蔡京得政久。其子攸。提舉修書館中。謟事者皆越次陞擢。世勣坐直舍繙書。竟日泊如也。官者梁師成貴幸。好招延文士。立能致人通顯。其黨有與世勣鄰居者。數致師成意。世勣謝絕之。更六年不遷。並出欽宗朝名臣傳

皇朝仕學規範卷第五

皇朝仕學規範卷第六

行己

仁宗在東京魯簡肅公宗道爲諭德其居在宋門外俗謂之浴堂巷有酒肆在其側號仁和酒有名於京師公往往易服微行飲于其中一日　眞宗急召公將有所問使者及門而公不在移時乃在仁和肆中飲歸中使遽先入白乃與公約曰　上恠公來遲當託何事以對幸先見教冀不敢異同公曰但以實告中使曰然則當得罪公曰飲酒人之常情欺君臣子之罪大也中使嗟嘆而去　眞宗果問使者具如公對　眞宗問公何故私入酒家公謝曰臣家貧無器皿酒肆百物具備賓至如歸適有鄉里親客自遠來遂與之飲然臣既易服市人無識臣者　眞宗笑曰卿爲宮臣恐爲御史所彈然自此奇公以

爲忠實可大用。晚年每爲
章獻明肅太后言羣臣可大用
者數人。公其一也。後　章獻皆用之。
范忠宣公純仁調常州武進縣。及文正公督公赴官。公曰常州遠
庭闈。願致一近地。易許州長葛。又不赴。文正曰爾前日以遠爲
言。今既近矣。復有何詞。公曰純仁豈可重於祿食而輕去父母
耶。雖近亦不能朝夕在側。文正公不強之。卒終養焉。
眞宗喜談經。一日馮元談易。非經庭之常講也。謂元曰朕不欲煩
近侍久立。欲於齊亭閣選純孝之士三數人。止如同人。便裘頂
帽。橫經並坐。暇則薦茗果。盡笑論。削去進說之儀。遇疲則罷去。
元薦查道、李虛已、李行簡三人者預焉。奏曰道歙州人。母疾嘗
思鱖羹。方冬無有市者。道泣禱河神。鑿冰脫巾。取得鱖魚尺餘
以饋。[illegible]後舉賢良。入第四等。虛已母喪明。醫者曰浮翳及睛。但

舌舐千日。勿藥自痊。虛已舐睛二年。遂明。行簡父患癰。極痛楚。以口吮其敗膏。不唾于地。父疾遂平。 真宗召之。曰俾陪侍。喜曰。朕得朋矣。

丁晉公言。凡士大夫而恐居大位者。先觀其器度寬厚。則無不中矣。昔趙普在中書。呂端為參政。趙嘗覘其為事而多之。曰吾嘗觀呂公奏事。得 聖上嘉賞。未嘗喜。遇 聖上抑挫。未嘗懼。亦不形言。真台輔之器也。

范文忠公鎮。遇人以誠。恭儉謹默。口不言人過。

富鄭公為人溫良寬厚。與人語若無所異同。及其臨大節。正色慷慨。莫之能屈。知識過人遠甚。而事無巨細。反覆熟慮。必全無失。然後行之。宰相自唐以來。謂之禮絕百僚。見者無長幼皆拜。宰相平立。少垂手扶之。送客未嘗降階。客坐稍久。則吏從旁唱相公尊重客踧踖起退。及公爲相。雖微官及布衣謁見。皆與之抗禮。引坐語從容。送之及門。視其上馬。乃還。自是羣公効之。自富公始也。

趙康節公槩。爲人樂易深中。恢然偉人也。平生與人實無所怨怒。非特不形於色而已。專務掩惡揚善。以德報怨。出於志誠。非勉強者。天下稱之。庶幾漢劉寬。唐婁師德之徒。

端明殿學士蘇軾。其於人。見善。稱之如恐不及。見不善。斥之如恐不盡。見義勇於敢爲。而不顧其害。用此數困於世。然終不以爲恨。

資政殿學士王存。性寬厚。儀狀偉然。平居恂恂。不爲詭激之行。至有所守。確不可奪。議論平恕。無所向背。司馬溫公嘗曰。並馳萬馬中能駐足者。其王存乎。故自束髮起家以至大耋。歷事五世。

而所持一心。屢更變故。而其守一道。

張文定公方平。所與交者。范仲淹。吳育。宋祁。三人皆敬憚之。曰不動如山。安道有焉。

寶文閣待制彭汝礪。平生好學喜問。樂聞其過。自任以聖賢之重。而於貧富貴賤。利害得喪。一不以累其心。至於憂國愛君。推賢揚善。則拳拳孜孜。常若不及。故自處顯於朝廷。事知無不言。言不行必爭。爭而不得必求去。人始而駭。中而疑。卒而信。則曰名節之士也。

陳恭公執中。在中書八年。人莫敢干以私。四方問遺。無及門者。

杜正獻公衍。爲樞密。參政事。范仲淹嘗出衍門下。數爭事 上前。衍不以爲恨。而仲淹益服之。

范忠宣公純仁。文正公第四子。長子純祐。少有大志。不幸疾廢。公與叔季純粹純禮克世其家而公憂國憂君不以利害得喪貳其心刻意名節難進易退雖屢黜廢志氣彌厲人以爲有文正之風焉。

龍學滕甫臨大事毅然不計死生至於已私則小心莊栗唯恐有過。

張文節公知白在相位謹名器無毫髮之私常以盛滿爲戒雖顯貴其清約如寒士。

曹彬字國華眞定人平江南倉廩府庫一委轉運使彬無所問師還舟中唯圖籍而已。

國子博士毛應佺知賓州郡在合浦之東千里而近地多珠貝犀象況檀之產前之剖符者往往舳艫相銜尾竭其土物公北歸之日盡室一舟無錙銖南國之貨。

賈黃中興國中參　太宗大政性極清畏嘗知金陵一日案行
府寺觀一隙舍扃鐍甚嚴公怪之因發鑰得寶數十巨櫃乃故
國宮闈所遺之物不隸于籍數不可計公亟集僚吏啓其封悉
籍之以表上　上嘆曰貪黷者籍庫之物尚冒禁盜之況亡
國之遺物乎賜三百萬以旌其絜

潭州一巨賈私藏蚌胎爲關吏所搜盡籍之皆海南明珠蚌胎也
在任無不垂涎太守而下輕其估悉自售焉賀肅公介時以言
事謫潭倅分珠獄發奏方入　仁宗預料謂近侍曰唐介必
不肯買奏覆　上覽之果然眞所謂知臣莫若君也

呂文穆公蒙正以寬厚爲宰相　太宗尤所眷遇有一朝士家
藏古鑑自言能照二百里欲因公弟獻以求知其弟伺間從容
言之公笑曰吾面不過鏡子大安用照二百里其弟遂不敢復

言聞者嘆服以謂賢於李衛公遠矣蓋寡好而不爲物累者昔賢之所難也

扈郎中褒嘗言昔知蘇州吳縣蘇州士大夫寓居者多然無不請託州縣獨致仕富大監嚴三年無事相委又丘太博舜元嘗知洪州新建縣洪之右族多撓官政惟致仕王郎中述安貧杜門衣食不足而未始告人斯二人者天下固未嘗知其廉節也

范忠宣公純仁知諫院公數以言事 上未聽納因登對面奏曰臣言可用願朝廷采納臣言不可用願罷言職重行竄貶 神宗諭曰官家留卿不可堅求去公奏曰臣爲言官而言不見信於 陛下雖 聖恩隆厚臣愈不敢當實無面目居此職任遂居家待罪不就職朝廷知不可強罷公知諫院依前直集賢院起居舍人同修起居注同管國子監時執政寮使所親

謂公曰。上既堅留公。又依所請罷言職。仍依已擬除制誥。可出而就職矣。公曰。某言既無狀。今雖罷諫院而以美官見誘。是以貪夫畜某也。如朝廷用某言。則勝於得美官矣。如言不用。雖萬鍾亦不敢受。

熙寧中。王韶開熙州。諸將皆以功遷官。隍城使桑湜。獨辭不受。曰。羌虜畏國威靈。不戰而降。臣何功而遷官。執政曰。衆人皆受。君獨不受。何也。對曰。衆人皆受。必有功也。湜自知無。故不受。竟辭之。時人重其知耻。

李垂明道中。知絳州。還朝。閤門祗候李康伯謂之。因謂曰。舜工文學議論。稱於天下。諸公欲用爲知制誥。但宰相以舜工未曾相識。盍一往見之。垂曰。我若昔謁丁崖州。則乾興初已爲翰林學士矣。今已老大。見大臣不公。嘗欲面折之。焉能隨羣逐隊趨炎附熱看人眉睫以冀推挽乎道之不行命矣執政知而惡之出知均州。

侯叔獻之爲尉與管界巡檢者相善縣多盜賊巡檢每與叔獻約聞盜起當急相報一旦有強盜十六人經其邑叔獻盡擒之既而嘆曰巡檢豈以我爲負約耶機會之速不及報然不可專其功也於是盡推捕盜之勞于其下而竟不受賞當其獲盜時叔獻躬押至開封府尹李絢謂曰子之才能吾深知子可一見本府推官判官吾當率以同狀薦子也叔獻辭曰本以公事至府事畢歸邑若投謁以求薦非我志也竟不面推官判官而去。

孫宣公奭以太子太傅致仕居於鄆一日置宴御詩廳仁宗嘗賜詩刻石所居之廳壁語客曰白傅有言多少朱門鎖空宅主人到了不曾歸今老夫歸矣喜動于色復顧石守道諷易離卦九三爻辭且曰樂

以忘憂。自得小人之志。歌而鼓缶。不興大耋之嗟。公以醇德與學勸講禁中二十餘年。晚節勇退。優游里中。始終全德。近世少比。

錢文僖公惟演生貴家。而文雅樂善出天性。晚年以使相留守西京。時通判謝絳掌書記尹洙留府推官歐陽脩皆一時文士。遊賞吟詠。未嘗不同。洛下多水竹奇花。凡園圃之勝無不遊者。有郭延卿者。居水南。少與張文定公。呂文穆公遊。累舉不第。以文行稱於鄉閭。張呂相繼作相。更薦之。得職官。然延卿亦未嘗出仕。葺幽亭藝花木。足迹不及城市。至年八十餘矣。一日文僖率僚屬往遊。去其居一里外。即屏騎從。腰輿張蓋而訪之。不告以名氏。洛下仕族多。過客衆。延卿未始出。蓋莫知其何人也。但欣然相接。道服對談而已。數公疎爽闓明。天下之選。延卿笑曰。陋居罕有過從。而平日所接之人。亦無若數君者。老夫甚愜。願少留對花小酌也。於是以陶罇果蔌而進。文僖喜其野逸。爲滿引不辭。既而吏報申牌。府吏牙兵列庭中。延卿徐曰。公等何官而從吏之多也。洙指而告曰。留守相公也。延卿笑曰。不圖相國肯訪野人。遂相與大笑。又曰。尚能飲否。文僖欣然從之。又數盃。延客之禮數。盃盤無少加於前。而談笑自若。日入辭去。延卿送之門。顧曰。老病不能造謝。希勿訝也。文僖登車。茫然自失。翊日語僚屬曰。此眞隱者也。彼視富貴爲何等物耶。歎息累日不止。

尚書工部郎中歐陽載。爲御史有能名。 眞宗嘗自擇御史府君以祕書丞見。見者數人。皆進自稱薦。惟恐不用。府君獨立墀下。無所說。明日拜監察御史。中丞王嗣宗指曰。是獨立墀下者。眞御史也。

承議郎程顥爲太子中允。監西京洛河竹木務。薦者言其未嘗叙年勞。而遷秩特改太常丞。已上出皇朝名臣四科事實

皇朝仕學規範卷二第六

皇朝仕學規範卷第七

行己

章獻太后臨朝內侍省都知江德元權傾天下。其弟德明奉使過杭州。時李及知杭州。待之一如常時中人奉使者。無所加益。僚佐皆曰。江使者之兄。居中用事。當今無比。榮枯大臣如反掌耳。而使者精銳復不在人下。明公待之禮無加者。意者明公雖不求福。獨不畏其爲禍乎。及曰。及待江使者不敢慢。亦不敢過。如是足矣。又何加焉。既而德明謂及寮佐曰。李公高年。何不求一小郡以自處。而久居餘杭繁劇之地。豈能辨邪。僚佐走告及曰。果然使者之言。甚可懼也。及笑曰。及老矣。誠得小郡以自逸。庸何傷。待之如前。一無所加。既而德明亦不能傷也。時人服其操守。

呂蒙正相公不喜記人過。初參知政事入朝堂。有朝士於簾內指之曰。是小子亦參政邪。蒙正佯爲不聞而過之。其同列怒之。令詰其官位姓名。蒙正遽止之。罷朝。同列猶不能平。悔不窮問。蒙正曰。若一知其姓名。則終身不能復忘。固不如毋知也。不問之何損。時皆服其量。

王太尉薦寇萊公爲相。萊公數短太尉於　上前。而太尉專稱其長。　上一日謂太尉曰。卿雖稱其美。彼專談卿惡。太尉曰。理固當然。臣在相位久。政事闕失必多。準對　陛下無所隱。益見其忠直。此臣所以重準也。　上由是益賢太尉。萊公在藩鎮嘗因生日造山棚大宴。又服用僭侈。爲人所奏。　上怒甚。謂太尉曰。寇準每事欲效朕。可乎。太尉徐對曰。準誠能。無如騃何。　上意遂解。曰。然。此止是騃耳。遂不問。及太尉疾亟。　上問以後事。唯對以宜早召寇準爲相云。

韓魏公言司馬君實初除樞密副使。竟辭不受。時公在魏。聞之。亟遣人賫書與潞公勉之云　主上倚重之厚。庶幾行道。道或不行。然後去之可也。似不須堅遜。潞公以書呈君實。君實云自古被這般官爵引得壞了名節。爲不少矣。後得寬夫書云。君實作事。今人所不可及。須求之古人。

范文正公輕財好施。尤厚於族人。既貴。於姑蘇近郭買良田數千畝。爲義莊。以養羣從之貧者。擇族人長而賢者一人主其出納。人日食米一升。歲衣縑一疋。嫁娶喪葬。皆有贍給。聚族人僅百口。公歿逾四十年。子孫賢。令至今奉公之法。不敢廢弛。

趙鄰幾好學善著述。　太宗朝擢知制誥。逾年卒。子東之亦有文。前以職事死塞上。家極貧。三女皆幼。無田以養。無宅以居。僕趙延嗣者父事舍人義不轉去竭力營衣食以給之雖勞苦不避如是者十餘年三女皆長延嗣未嘗見其面一日至京師訪舍人之舊謀嫁三女見宋翰林白楊侍郎徽之發聲大哭具道所以二公驚謝曰吾徒被儒衣冠且與舍人友而不能恤舍人之孤不迨汝遠矣即迎三女京師求良士嫁之三女皆有歸延嗣乃去徂徠先生石守道爲之作傳以勵天下云

陳恭公再罷政判亳州年六十九遇生日族子往往獻老人星圖以爲壽獨其姪世修獻范蠡遊五湖圖且贊曰賢哉陶朱霸越平吳名遂身退扁舟五湖恭公甚喜即日表納節明年累表求退遂以司徒致仕矣已上出皇朝類苑

曹武惠王彬以功拜樞密使王在宥密常公服危坐如對君父接小吏亦以禮未嘗以名呼歸私第唯閑閤宴居不妄通賓客五

鼓纔動已待漏於禁門矣雖雪霜不易其操如此者八年。

曹武惠王　國朝名將勳業之盛無與爲比嘗曰自吾爲將殺人多矣然未嘗以私喜怒輒戮一人其所居堂室弊壞子弟請加修葺公曰時方大冬牆壁瓦石之間百蟲所蟄不可傷其生其仁心愛物蓋如此既平江南回詣閤門入見牓子稱奉勑江南幹當公事回其謙恭不伐又如此。

杜正獻公自布衣至爲相衣服飲食無所加雖妻子亦有常節家故饒財諸父析產公以所得悉與昆弟之貧者俸祿所入給宗族賙人急難至其歸老無屋以居寓於南京驛舍者久之自少好學工書喜爲詩讀書雖老不倦推奬後進今世知名士多出其門居家見賓客必問時事聞有善喜若已出至有所不可憂見於色或夜不能寐如任其責者凡公所以行之終身者有能

履其一。君子以爲人之所難。而公自謂不足以名後世。遺戒子孫無得記述。嗚呼。豈所謂任重道遠。而爲善惟不足者歟。

公嘗謂門生曰。凡士君子作事行已。當履中道。不宜矯飾。矯飾過實。則近乎僞。

公食于家。惟一麪一飯而已。或美其儉。公曰。衍本一措大。爾名位爵禄。冠冕服用。皆國家者。俸入之餘。以給親族之貧者。常恐浮食焉。敢以自奉也。一旦名位爵禄。國家奪之。却爲一措大。又將何以自奉養耶。又嘗戒門生曰。天下惟浙人褊急易動。柔懦少立。衍自在幕府至監司。人尚不信。及爲三司副使。累於 上前執奏不移。人始信之。反曰杜衍如是。非兩浙生。否其輕吾黨也如此。觀子識慮高遠。志尚端慤。他日植立。當爲鄉曲之顯。勿少枉。爲時所上下也。

范文正公曰吾遇夜就寢即自計一日食飲奉養之費及所爲之事果自奉之費與所爲之事相稱則鼾鼻熟寐或不然則終夕不能安眠明日必求所以稱之者

公語諸子弟曰吾吴中宗族甚衆於吾固有親踈然吾祖宗視之則均是子孫固無親踈也吾安得不恤其飢寒哉且自祖宗來積德百餘年而始發於吾得至大官若獨饗富貴而不恤宗族異日何以見祖宗地下今亦何顔以入家廟乎故恩例俸賜常均族人并置義田宅云

文正公自政府出歸姑蘇焚黄搜外庫惟有絹三千匹令掌吏録親戚及閭里知舊自大及小散之皆盡曰宗族鄉黨見我生長幼學壯仕爲我助喜我何以報之哉

文正公少有大節其於富貴貧賤毁譽歡戚不一動其心而慨然

有志於天下。常自誦曰。士當先天下之憂而憂。後天下之樂而樂也。其事上遇人。一以自信。不擇利害爲趨捨。其有所爲。必盡其力。曰。爲之自我者當如是。其成與否。有不在我者。雖聖賢不能必。吾豈苟哉。

參政吳正肅公。爲人明敏勁果。強學博辨。能自忖度。不可守不發。已發莫能屈奪。

呂許公夷簡聞包拯之才。欲見之。一日待漏院見班次有包拯名。頗喜。及歸。又問知居同里巷。意以拯欲便於求見。無幾。報拯朝辭。乃就部注一知縣而出。尤奇之。遽使人追還。遂薦對除裏行。自此擢用。

包孝肅在言路。極言時事。復爲京尹。令行禁止。至今天下皆呼包待制。又曰包家。市井小民。及田野之人。凡徇私者。皆指笑之曰。

你一箇包家見貪汚者曰你一箇司馬家天下稱司馬公曰司馬家。

諫議大夫田公動必以禮言必有法賢不肖咸憚伏之出處一十年未嘗趨權貴之門在貶廢中樂得其正晏如也

蔡君謨嘗書小吳牋云李及知杭州市白集一部乃爲終身之恨此君殊清節可爲世戒張乖崖鎮蜀當遨遊時士女環左右終三年未嘗回顧此君殊重厚可以爲薄末之檢押此帖今在張乖崖之孫堯夫家予以謂買書而爲終身之恨近於過激苟其性如此亦可尚也

起居舍人尹公洙當慶曆中與范仲淹等友善仲淹等既罷朝政洙亦爲人希時宰意攻以居渭州時事遂置獄遣劉湜按之一日謂洙曰龍圖得罪死矣洙請其事湜曰龍圖以銀爲偏提給

銀有記。而收偏提無籍。是以知龍圖當得罪死也。洙曰。此不足以致洙罪也。以銀爲偏提用。某工校主之。附某籍。可取視之。湜閱籍果然。知不能害。嘆息而已。其後洙在隨州。而孫甫之翰。知安州。過隨。二人皆好辨論。對榻語幾月。無所不道。而洙未嘗有一言及湜者。甫問曰。劉湜按師魯。欲致師魯於死。而師魯絶口未嘗有一言及湜。何也。洙曰。湜與洙。本未嘗有不足之意。其希用事者意欲害洙。迺湜不能自植立耳。洙何恨於湜乎。甫深伏其識量。之翰又言。尹洙自謂平生好善之心。過於嫉惡。之翰以謂信然。

尹公天性慈仁。内剛外和。凡事有小而可矜者。必惻然不忍。發見顔皃。及臨大節。斷大事。則心如金石。雖鼎鑊前列。不可變也。

陳摶被詔至闕下。聞有士大夫詣其所止。願聞善言以自規誨。陳

曰。優好之所勿久戀。得志之處勿再往。聞者以謂至言。已上二出

皇朝名臣言行録

皇朝仕學規範卷第七

皇朝仕學規範卷第八

行己

端明蔡公襄於朋友重信義聞其喪則不御酒肉為位以哭盡哀乃止嘗飲會靈東園坐客有射矢誤中傷人者客遽指為公矢京師喧然事既聞　上以問公公即再拜愧謝終不自辨退亦未嘗以語人

趙清獻公平生日所為事夜必衣冠露香九拜手告于天應不可告者則不敢為也

內翰蜀郡范忠文公鎮清明坦夷表裏洞達遇人以誠恭儉謹默口不言人過及臨大節決大議色和而語壯常欲繼之以死雖在萬乘前無屈

丞相溫國司馬文正公光忠信孝友恭儉正直出於天性其好學

如飢渴之嗜飲食於財利紛華如惡惡臭誠心自然天下信之退居於洛往來陝洛間皆化其德師其學法其儉有不善曰吾君實得無知之乎博學無所不通音樂律歷天文書數皆極其妙晚節尤好禮爲冠婚喪祭法適古今之宜不喜釋老曰其微言不能出吾書其誕吾不信不事生產買第洛中僅庇風雨有田三頃喪其夫人質田以葬惡衣菲食以終其身自以遭遇聖明言聽計從欲以身徇天下躬親庶務不舍晝夜賓客或以諸葛孔明事多食少之語戒之公曰死生命也爲之益力病革諄諄不復自覺如夢中語然皆朝廷大事也既沒其家得遺奏八紙上之皆手札論當世要務京師民畫其像刻印鬻之家置一本飲食必祝焉四方皆遺人市之京師時畫工有致富者

崇政殿說書滎陽呂公希哲嘗說攻其惡無攻人之惡蓋自攻其

惡。日夜且自點檢。絲毫不盡。即不慊於心矣。豈有工夫點檢他人耶。

或問滎陽公爲小人所詈辱。當何以處之。公曰。上焉者知人與己本一。何者爲詈。何者爲辱。自然無忿怒心也。下焉者且自思曰。我是何等人。彼爲何等人。若是答他。却與此人等也。如此自處。忿心亦自消也。

丞相魏國韓忠獻王琦器量過人。性渾厚。不爲畦畛崖塹。功蓋天下。位冠人臣。不見其喜。任莫大之責。蹈不測之禍。身危于累卵。不見其憂。怡然有常。未嘗爲事物遷動。平生無僞飾。其語言。其行事。進立于朝。與士大夫語。退息于室。與家人言。一出于誠。門人或從公數十年。記公言行。相與反復考究。表裏皆合。無一不相應。其所措置規摹。閎大高遠。外視如甚略。已而詳觀其中。則細故小物。莫不各有區處。故有志必成。平居與人接。禮下之問勞慰存。氣語和易。容人過失。不以爲忤。小大無所較計。及朝廷事。則守其所當爭。及於義理而後止。毅然終不可奪。

公謂小人不可求遠。三家村中亦有一家。當求處之之理。知其爲小人。以小人處之。更不可校。如校之則自小矣。人有非毀。但當反己是不是。己是則是在我而罪在彼。烏用計其如何。

公在魏府。僚屬路拯者。就案呈有司事。而狀尾忘書名。公即以袖覆之。仰首與語。稍稍潛卷。從容以授之。

頃時丁寇立朝。天下聞一善事。皆歸之萊公。未必盡出萊公也。聞一不善事。皆歸之晉公。未必盡出晉公也。蓋天下之善惡爭歸焉。人之脩身養誠意。不可不謹。

蘇子瞻有盛名於世。而退無自矜之色。此爲過人。

子由崇寧中居潁昌。方以元祐黨籍爲罪。深居自守。不復與人相見。逍遥自處。終日默坐。如是者者幾十年。以至於没亦人所難能也。

門下侍郎韓公維。弱不好弄。篤志問學。嘗以進士薦禮部。父任執政。不就廷試。乃以父任守將作監主簿。丁外艱。服除。閴門不仕。仁宗患搢紳奔競。諭近臣曰。恬退守道者旌擢。則躁求者自當知耻。於是宰相文彦博宋庠等言公好古嗜學。安於靜退。乞加甄録。以厚風俗。召試學士院。辭不赴。除國子監主簿。

韓公性純厚。貌重氣和。而寡言。其遇人不設城府。與人語。唯恐傷之。至當言職。論事上前。亹亹不窮。正直確切。無所回隱。左右爲懼。而公益安徐。不見聽。終不已。平生自奉養甚約。室無媵妾。食纔脫粟一肉。所用服器。雖敝敗不易。篤於孝友。家事付昆弟。得任子恩亦先推與之爲守令本於豈弟。而能擊姦豪以安良民。其在徐。前守侵用公使錢。公寖爲償之。未足而公罷。後守反以文移公。當償千緡。公竭資且假貸償之。久之鈎致得實。公蓋未嘗侵用也。公卒不辨。其容物不校類如此。故司馬溫公嘗歎曰。清直勇三德。吾於欽之畏焉。洛之君子邵雍曰。欽之至清而不耀。至直而不激。至勇而能溫。此爲難爾。人以雍言爲然。

丞相范忠宣公純仁。在永三年。怡然自得。或加以橫逆。人莫能堪。而公不爲動。亦未嘗含怒於後也。

丞相蘇公頌平生於人無纖芥仇怨。在杭州日。有要人以事屬公。公不從。後其人當言路。懷忿抵巇。或謂其事迹書札具存。可辨。公笑曰。吾豈爲是者。

丞相劉忠肅公摯教子孫先行實。後文藝。每曰。士當以器識爲先。

止號爲文人無足觀矣。

樞密王公巖叟近臣被詔薦御史意屬公而未及識或謂公曰可一往見之公笑曰此所謂呈身御史也卒不見。

諫議劉公安世儀狀魁碩聲吐如鍾見賓客談論踰時體無欹側肩背竦直身不少動至手足亦不移性嚴毅雖家居無墮容子弟進見侍側肅如也其孝悌忠信恭儉正直不好聲色不殖貨財誠心自然非勉強而行之也窮經樂道至老不衰。

公嘗知潞州部使者希蔡京旨治郡中事無巨細皆詳考然終不得毫髮過雖過往驛券亦無違法予者部使者亦歎服之公在南京奉祠府尹因徧取宮觀寄居官白直曆閱之或差禁卒或過其數至公獨無其持身廉謹如此。

內翰范公祖禹每誦董仲舒之語正其義不謀其利明其道不計

其功謂沖曰君子行已立朝正當如此若夫成功則天也

諫議陳忠肅公瓘性謙和與物無競與人議論率多取人之長雖見其短未嘗面折唯微示意以警之人多退省愧服尤好獎進後輩一言一行苟有可取即譽美傳揚謂己不能

節孝徐先生積平日教學者每以治心養氣四字爲先曰脩身務學爲文之要莫大於此其效甚明其術甚易晚乃著書未成而疾嘗曰吾之書大要以正治心以直養氣而已已上出皇朝名臣言行録

竇儀開寶中爲翰林學士時趙普專政　帝患之欲聞其過一日召儀語及普所爲多不法且譽儀早負才望之意儀盛言普開國勳臣公忠亮直社稷之鎮　帝不悅儀歸家召諸弟張酒引滿語其故曰我必不作宰相然亦不詣珠崖吾門可保矣

楊玢靖恭虞卿之曾孫也仕前僞蜀王建至顯官隨王衍歸後唐

以老得工部尚書致仕歸長安。舊居多爲鄰里侵占。子弟欲詣府訴其事。以狀白玢。玢批紙尾云。四鄰侵我我從伊。畢竟須思未有時。試上含光殿基望。秋風秋草正離離。子弟不敢復言。

魏咸熙。仁浦之子。性寬厚。任太僕少卿。累典藩郡。知杭州日。晨興視事。掌舍卒掛油缸中門簾鈎上。正中其額。翻汙冠綬。咸熙戒左右勿得輒言。使老卒亟還。卧内易衣巾而出。歸朝。大治具賓友集饌。陳越中銀釦陶器。僮僕數人。共舉食案而前。相嘲誚。足跌。盡破之。坐客皆失色。咸熙殊不變容。但令易他器別具蔬果亦不加笞責。人皆服其量。以爲劉寬之比。

徐鉉曰。江南處士朱正白語人言。世皆云不欺神明。此非天地百神。但不欺心。即不欺神明也。已上出楊文公談苑

皇朝仕學規範卷第八

行巳

仕學規範

卷九至十二

皇朝仕學規範卷第九

行己

張忠定公言。吾頃與今丞相寇公、南陽張覃，取大名府解試，罷，衆謂吾名居覃之右。吾上府帥書，言覃之德行於鄉里有古人風，將以其之文近覃之文，則未知。覃之行遠其之萬萬矣。遂薦覃爲解元。公曰：士君子當以德義相先，不然則未足爲士矣。出張乖崖語録

王文正公常語人曰：昔楊文公有言，人之操履，無若誠實。吾每欽佩斯言，苟執之不渝，夷險可以一致。出王文正公言行録

實勝，善也；名勝，耻也。故君子進德修業，孳孳不息，務實勝也。德業未有著，則恐恐然畏人知，遠耻也。小人則僞而已。故君子日休，小人日憂。

顏子一簞食一瓢飲在陋巷人不堪其憂而不改其樂夫富貴人所愛者也顏子不愛不求而樂乎貧者獨何心哉天地間有至貴至愛可求而異乎彼者見其大而忘其小焉爾見其大則心泰心泰則無不足無不足則富貴貧賤處之一也處之一則能化而齊故顏子亞聖

仲由喜聞過令名無窮焉今人有過不喜人規如護疾而忌醫寧滅其身而無悟也噫

君子以道充爲貴身安爲富故常泰無不足而銖視軒冕塵視金玉其重無加焉爾（已上出濂溪通書）

郭琮台州黃巖縣仁風里人至性孝悌浮沉民伍少喪父常有罔極之歎事母張氏頗極恭順娶妻有子而移居母室供給飲食[illegible][illegible]珍異凡母之所欲必親以奉之或經家人之手則憂形於

◎

色慮失母之意，居常不過中食，絶飲酒茹葷者三十年，祈母之壽也。母年一百四歲，耳目不衰，飲食不減，鄉黨異之。至道三年，耆老陳贊覩詔書存恤孝悌，因率同里四十人具狀郭琮行孝事，詣漕運使乞聞朝廷。漕使馳詣其家以根其事實，因召母出與之坐，飲以醇酎，嗟歎良久，遂具表以聞。太宗覽而嘉之，降詔書旌表門閭，除其徭役，觀者榮之。母次年無疾而終，香氣盈室。琮哀號踰禮，幾乎滅性，鄉閭率金帛以助葬。至今黄巖感琮之行，善以事父母者十其二三矣。

顧忻，泰州泰興縣永豐里人。十歲喪父，以母多病，葷辛不入口者十載。鷄初鳴，具冠帶，率妻子詣母之室，問其所欲，如此五十年，未嘗一日改志。所居遠郡城幾乎百里，每遇二稅入輸，語其昆季曰：家之極難者願付我，必克荷之，不願輸稅，慮離母之左右以失其欲也。以是昆仲常多之。母老，目忽不能覩物，忻日夜號泣，祈禱天地，刺血寫佛書數十卷，母目忽明，以至燭下亦能縫紝，精神輕健，雖少婦之不若。晚年忽語其子曰：吾儆汝不食葷食矣。遂不過中食，顏色如童稚，年九十無疾而終。

李瓊，杭州仁和人。居衆安橋東界，幼失父，家苦貧，而至孝於母。後以鬻緡爲業，家稍豐厚，孝心益堅。移居母之室，夜常十餘起。母每諭之曰：汝年長，筋力頗憊，盍求婢以給侍吾，免汝之辛苦。瓊曰：凡母之所欲，不親經其手，意如有失。其母亦不之強。以是家人無敢怠慢。凡市人知瓊之孝者，物之出，必先求以奉瓊。瓊得之，十倍酬其價。或問之，瓊曰：冀誘其甘滑以奉母，豈議價焉。淄州人張用聞其至孝，因與之十鄰而居。

查道，字真之，新安人也。祖文徽，仕僞唐至樞密使。父元方，以父蔭歷殿中侍御史。　太祖克平江表。元方隨李煜納款。即眞爲滑州掌書記。道度量宏偉。趣尚平澹。博綜經史。尤長應用。至性慈孝。動遵禮法。嘗在滑州。母疾綿惙。道調煎藥劑。經旬不寐。母思鱖魚。求莫能得。道因詣黄河。禱祝垂釣。因而獲之。重僅踰斤。擕歸官舍。爲羹以進之。母食而漸愈。後聞者爭往。或釣或網。終無所獲。人以爲天賜之也。親喪之後。口絶酒肉。雖深冬積雪。常布素徒跣。杖而後起。終制。就舉。登進士第。歷觀陶尉。徐州推官。祕書丞。知果州。應直言極諫對策上第。移左正言直史館。京東漕運使。雖俸入豐厚。分給宗族。孤寡爲畢婚嫁者十餘家。以是居常匱乏。天禧二年。自右司員外郎中龍圖閣待制。出典號略郡。卒於官舍。年六十二。有文集。牋表行於世。道愛重節義。遵守名教。未第日。遊襄漢間。假貸親舊。得錢十萬。途次適值故人嫁

女頻窘支費道罄囊濟之其年罷舉時人伏其高義有郭代公之比焉

許俞宣城人也家世以儒術顯名江左父養高不仕俞風采魁傑襟懷峻整尚慕節義不妄交游下筆立言慨然有濟蒼生之志季父遜有名於時爲尚書外郎器俞曰吾家千里駒也居常敦睦家人未嘗見其喜怒少喪母氏事父以孝謹聞供給甘旨晝夜不怠父之所欲雖千里必致之或隨計偕安輿扶侍稅舍輦轂與妻子共食麤糲晨夕事父必盡珍異常示豐厚恐貽父憂公卿之間者多所歎服率俸以助其養父年垂八十謂俞曰覲汝登科之後沒于地足矣大中祥符七年俞果登科第授涔陽從事扶侍歸海陵別業即路有日父疾沉篤俞晝夜供省以至澣濯必躬必親或問其故俞曰澣濯於家人之手慮其厭怠焉

父喪擢毀幾致滅性。而家至貧。多假貸於士大夫。或歷父經由之地。涕泣者永日。嘗於過津寄泊佛舍。值春景花發。閉室靜坐。未嘗出觀。赴牧守之召。過琅山別院。馬上忽泣下。僕御問其由。曰。我父曾寄此也。士流伏其孝。

李化清建業人也。世以力田聞于鄉里。 太祖平江南。化清避于暨陽。兄弟多雜伶人以給晨夕。化清潛諷詩書。而孝悌恭順。動止循禮。事母以孝。常持巨竿釣魚以供馨潔。後遭父喪。哀號毀瘠。四肢柴立。造廬墓側。栽植松栢。雖妻子至亦不之顧。暨陽多山。民患虎豹。晝設虎落。夜無行民。化清造廬之地。絶焉。里民多異之。制滿還家。蔬糲度日。遂教授鄉里。從者翕然。前進士司馬詹爲邑之佐。覩其異行。因爲文以誌于石。已上出胡安定孝行録

貴姓子弟於飲食玩好之物之類。直是一生將身伏事不懈。如管

城之陳醋瓶。洛中之史畫匣是也。更有甚事。伯淳與君實嘗同觀史畫。猶能題品奈煩。伯淳問君實能如此與他話否。君實曰。自家一箇身猶不能事持。更有甚工夫到此。

衆人安則不恭。恭則不安。

罪己責躬不可無。然亦不當長留在心胷爲悔。

有恐懼心。亦是燭理不明。亦是氣不足。須知義理之悅我心。猶芻豢之悅我口。玩義理以養心如此。蓋人有小稱意事。猶喜悅。有淪肌浹骨如春和意思。何況義見一作理然。窮理亦當知用心緩急。但苦勞而不知悅處。豈能養心。

入道莫如敬。未有能致知而不在敬者。今人主心不定。視心如寇賊而不可制。不是事累心。乃是心累事。當知天下無一物是合少得者。不可惡也。

劉器之云。富鄭公年八十。書座屏云。守口如瓶。防意如城。

人有語導氣者。問先生曰。君亦有術乎。曰。吾嘗夏葛而冬裘。飢食而渴飲。節嗜欲。定心氣。如斯而已矣。

門人有曰。吾與人居。視其有過而不告。則於心有所不安。告之而人不受。則奈何。曰。與之處而不告其過。非忠也。要使誠意之交通在於未言之前。則言出而人信矣。

責善之道。要使誠有餘而言不足。則於人有益。而在我者無自辱矣。

不能動人。只是誠不至。於事厭倦。皆是無誠處。

忿欲忍與不忍。便見有德無德。

欲當大任。須是篤實。

人苟有朝聞道夕死可矣之志。則不肯一日安於所不安也。何止一日須臾不能如曾子易簀須要如此乃安人不能若此者只爲不見實理實理者實見得是實見得非凡實理得之於心自別若耳聞口道者心實不見若見得必不肯安於所不安人之一身儘有所不肯爲及至他事又不然若士者雖殺之使爲穿窬必不爲其他事未必然至如執卷者莫不知說禮義又如王公大人皆能言軒冕外物及其臨利害則不知就義理却就富貴如此者只是說得不實見得及其蹈水火則人皆避之是實見得須是有見不善如探湯之心則自然別昔若經傷於虎者他人語虎則雖三尺童子皆知虎之可畏終不似曾經傷者神色懾懼至誠畏之是實見得也得之於心是謂有德不待勉強學者則須勉強古人有捐軀殞命者若不實見得則烏能如此須是實見得生不重於義生不安於死也故有殺身成仁者只

是成就一箇是而已

張繹曰鄒浩以極諫得罪世疑其賣直也先生曰君子之於人也當於有過中求無過不當於無過中求有過已上出程氏遺書

皇朝仕學規範卷第九

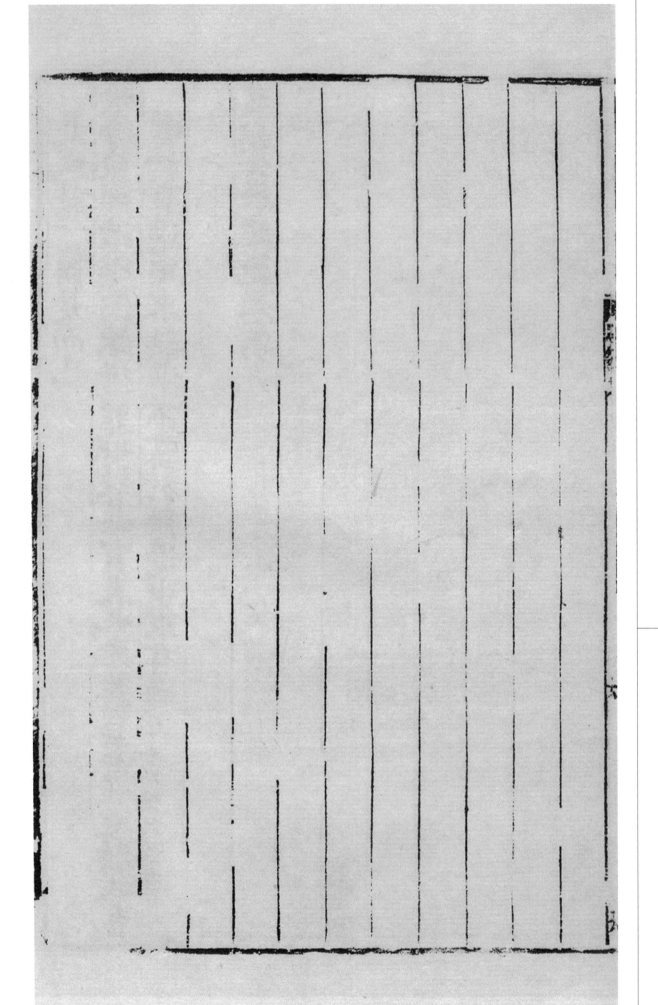

皇朝仕學規範卷第十

行己

德至於無我者。雖善言美行。無非所過之化也。

心定者。其言重以舒。不定者。其言輕以疾。

伊川與韓持國善。嘗約候韓年八十。一往見之。間正月一日。因弟子賀正。乃曰。某今年有一債未還。春中須當暫往潁昌見韓持國。蓋韓八十也。春中往造焉。久留潁昌。韓早晚伴食。體貌加敬。一日韓密謂子彬叔曰。先生遠來。無以爲意。我有黃金藥楪一重二十兩。似可爲先生壽。然未敢遽言。我當以他事使子侍食。因從容道吾意。彬叔侍食。如所戒試啓之。先生曰。某與乃翁道義交。故不遠而來。奚以是爲。詰朝遂歸。謂彬叔曰。我不敢面言。政謂此爾。再三謝過而別。

祁寬因問伊川謂永叔如何。先生曰。前輩不言人短。每見人論前輩則曰。汝輩且取他長處。

尹彥明嘗言。先生教人。只是專令用敬以直內。若用此理。則百事不敢輕爲。不敢妄作。不媿屋漏矣。習之既久。自然有所得也。因說往年先生歸自涪陵。日日見之。一日因讀易至敬以直內處。因問先生不習無不利時。則更無睹當。更無計校也耶。先生深以爲然。且曰。不易見得如此。且更涵養。不要輕說。

伊川先生甚愛表記中說君子莊敬日強。安肆日偷。蓋常人之情放肆則日就曠蕩。自檢束則日就規矩。已上出程氏外書

戲謔直是大無益。出於無敬心。戲謔不已。不惟害事。志亦爲氣所流。不戲謔。亦是持氣之一端。善戲謔之事。雖不爲無傷。

心既虛則公平。公平則是非較然易見。當爲不當爲之事自知。

正心之始。當以己心爲嚴師。凡所動作。則知所懼。如此一二年間。守得牢固。則自然心正矣。

天下之富貴假外者皆有窮已。蓋人欲無饜而外物有限。惟道義則無爵而貴。取之無窮矣。

心清時常少。亂時常多。其清時。即視明聽聰。四體不待羈束而自然恭謹。其亂時反是。如此者何也。蓋用心未熟。客慮多而常心少也。習俗之心未去而實心未全也。有時如失者。只爲心生。若熟後自不然。心不可勞。當存其大者。存之熟後。小者可略。

凡所當爲。一事意不過。則推類如此善也。一事意得過。以爲且休。則百事廢。其病常在。謂之病者。爲其不虛心也。又病隨所居而長。至死只依舊。爲子弟則不能安灑掃應對。在朋友則不能下朋友。有官長不能下官長。爲宰相不能下天下之賢。甚則至於

徇私意。義理都喪也。只爲病根不去。隨所居所接而長。人須一事事消了病。則常勝。故要克己。已上出橫渠理窟

公嘗曰。我平生所學。唯得忠恕二字。一生用不盡。以至立朝事君。接待僚友。親睦宗族。未嘗須臾離此也。又戒子弟曰。人雖至愚。責人則明。雖有聰明。恕己則昏。爾曹但常以責人之心責己。恕己之心恕人。不患不到聖賢地位也。親族間有子弟請教於公。公曰。唯儉可以助廉。唯恕可以成德。其人書於坐隅。終身佩服。出范忠宣公言行録

曹彬爲樞密使。河北每季支散銀鞋錢。一日密吏忘誤過期。因彬檢舉。連支兩季。酒坊副使弭德超奉使河朔。還奏其事。言軍情大歸於彬。 太皇赫怒。即日能樞密使。以鎮海節度使歸本鎮。彬不之辨。陛辭赴青州。乃以德超爲諸衛將軍檢校司徒充

樞密副使。既而小人乘君子之器。不克負荷。舉措乖當。時出醜言。上瀆朝政。下侵同列。自以爲有社稷大功。朝廷酬之未當。太皇聞之大怒。削籍隸登州沙門島。召彬自青州復拜樞密使。對揚之日。但再拜謝恩。亦不言及前事。歲餘德超卒於流所。上始命録一子官。彬乃進言。乞盡録用其四子。皆授西頭供奉官。德音諭彬曰。乃此成卿美名耳。

杜淳明州定海人。九歲舉神童。不得召。退歸。杜門不出。以讀書自適。早孤。事母至孝。母亡。廬墓至服除。貲産盡以遺其季滋。一毫不取。不婚娶。日以經傳爲樂。郡太守聞其名。往詣之。避不與見。學者親之。惟談仁義。言終不及世務。鄉閭忿爭。疑者就取決之。勸人必以孝悌爲先。至和間卒于家。並出王氏談淵

林英年七十致仕。起爲大理卿。氣皃不衰。如四五十歲人。或問何

術致此英曰但平生不會煩惱明日無飯喫亦不憂事至則遣之釋然不留胷中

呂文靖生四子公弼公著公奭公孺皆少時文靖與其夫人語四兒他日皆繫金帶但未知誰作宰相吾將驗之他日四子居外夫人使小鬟擎四寶器貯茶而往敎令至門故跌而碎之三子皆失聲或走歸告夫人者獨公著凝然不動文靖謂夫人曰此子必作相元祐初果大拜

黄魯直得洪州解頭赴省試公與喬希聖數人待榜相傳魯直爲省元同舍置酒有僕自門被髮大呼而入舉三指問之乃公與同舍三人魯直不與坐上數人皆散去至有流涕者魯直飲酒自若飲酒罷與公同看榜不少見於顔色公嘗爲其婦翁孫莘老言莘老重之後妻死作發願文絶嗜欲不御酒肉至黔州命下亦

不少動。公在歸州日。見其容皃愈光澤。留與所累年有見者無異仕宦時。議者疑魯直其德性殆夙成。非學而能之。已上出孫氏談圃

迂叟曰。言不可不重也。子不見鍾鼓乎。夫鍾鼓叩之然後鳴。鏗訇鏜鞈。人不以爲異也。若不叩自鳴。人孰不謂之袄邪。可以言而不言。猶叩之而不鳴也。亦爲廢鍾鼓矣。

迂叟事親無以踰人。能不欺而已矣。其事君亦然。

或問迂叟事神乎。曰。事神。或曰。何神之事。曰。事其心神。或曰。其事之何如。曰。至簡矣。不黍稷。不犧牲。惟不欺之爲用。君子上戴天。下履地。中函心。雖欲欺之。其可得乎。

或問子能無心乎。迂叟曰。不能。若夫回心則庶幾矣。何謂回心。曰。去惡而從善。捨非而從是。人或知之而不能徙。以爲如制駻馬。如斡磻石之難也。靜而思之。在我而已。如轉戶樞何難之有。

言而無益。不若勿言。爲而無益。不若勿爲。余久知之。病未能行也。

受人恩而不忍負者。其爲子必孝。爲臣必忠。

人情苦厭其所有。羨其所不可得。未得則羨。已得則厭。厭而求新。則爲惡無不至矣。

人之情。諱有而不諱無。離婁之明。人謂之瞽。不愠矣。伯夷之清。人謂之汙。不怍矣。

鞠躬便辟。不足爲恭。長號流涕。不足爲哀。弊衣糲食。不足爲儉。三者以之欺人可矣。感人則未也。君子所以感人者。其惟誠乎。欺人者。不旋踵人必知之。感人者。益久而人益信之。已上出涑水迂書

先生嘗言。某初見老先生求教。老先生曰。誠。某既歸。三日思誠之一字。不得其門。因再見請問曰。前日蒙教以誠。然某思之三日。不得其說。不知從何門而入。老先生曰。從不妄語中入。某自此

不敢妄語。先生曰。且六經之中。絕無眞字。所謂誠即眞也。故古者君臣師弟子之間。惟是誠實。心中所欲言者即言之。故冉求曰。非不説子之道。力不足也。子路曰。有是哉。子之迂也。宰我欲短喪。自謂期可已矣。子曰。食夫稻。衣夫錦。於汝安乎。曰安。且今有士人於此。必不肯自謂學而力不足也。必不肯面質其師之迂也。必不肯自謂居喪而安於食稻衣錦也。彼三人者。皆孔子高第。而其言如此者。以其出於至誠也。西漢之初。去古未遠。人心質朴。惟務純實。更無忌諱。文帝時賈誼上疏曰。生爲明帝。沒爲明神。願成之廟。稱爲太宗。元帝時。翼奉上疏曰。萬歲之後。稱爲高宗。蓋當時君羣臣。凡心中所言者。即徑言之。不以其言爲不可發也。蓋君臣之誠。故能如此。先生又曰。天下詐僞之風甚矣。以其從少至老。觀之誠實之風。幾乎一日衰於一日。一年衰於一年。方今夫婦兄弟父母之間。猶相諂諛也。相欺詐也。況於君臣朋友之間乎。且君臣父子兄弟夫婦朋友。只是一箇道理。若一處壞。即皆壞矣。此風大可畏。常宜禍亂未作時。猶一切含糊不見醜怪。若萬一有大禍亂。則君臣之間無所不至矣。故賈誼有言。見利則逝。見便則奪。主上有敗。即因而挻之矣。主上有患。則吾苟免而已。立而觀之耳。有便於吾身者。則欺賣而利之耳。凡此種種。他日吾友將見之。出元城語録

劉公曰。先人往任西京監牧使。懲前政門賓之弊。更不延士人於門下。與司馬溫公爲同年契。且以其樂於教育。故白公。遣某從學。與公休同業。凡三四日一往。以所習所疑質焉。公忻然告之。無勸意。凡五年得一語。曰誠。某請問其目。公曰。誠者。天之道。思誠者。人之道。及臻其道。一也。復問所以致力。公喜曰。此問甚善。

當自不妄語入。余初甚易之，及退而自隱括日之所行與凡所言，自相掣肘矛楯者多矣。力行七年而後成。自此言行一致，表裏相應，遇事坦然，常有餘裕。

韓瓘乞言。公提獎數四，而曰：唯在力行而已。董生不云乎：尊其所聞則高明，行其所知則光大。二者不在乎他，在乎加意而已。古人云：說得一丈，不如行取一尺；說得一尺，不如行取一寸。故以行爲貴。並出元城譚録

皇朝仕學規範卷第十

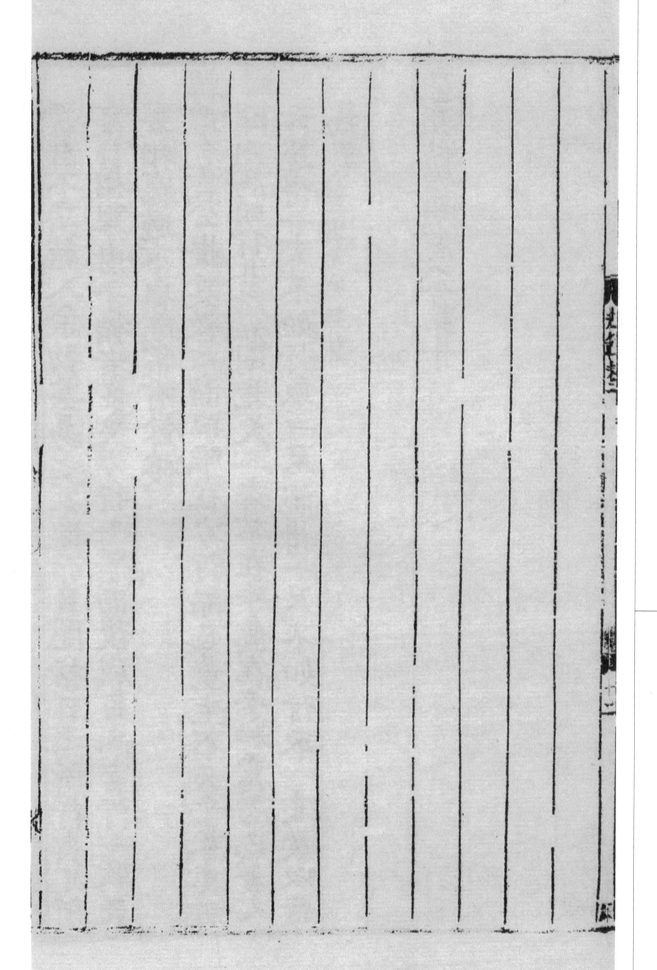

皇朝仕學規範卷第十一

行己

劉公曰。某平生只是一箇誠字。更撲不破。胡珵沉吟良久曰。誠之一字。處禍處福。無非安樂。公曰。此便是安樂法也。誠是天道。思誠是人道。天人無兩箇道理。因舉左手顧之笑曰。只爲有這軀殼。故假思以通之耳。及其成功一也。某自從十五歲以後便知有這箇道理。也曾事事着力。畢竟不是。只有箇誠字。縱横妙用。無處不通。子試觸類求之。直是無窮。某以此杜門不與時事。極快活。其樂無窮。任怎生也動某不得。定也定也。

公曰。有盛待制者。名濤。嘗有一語可取。云士大夫行己。正如室女。常須置身在法度中。不得受人指點。其人雖無狀。當日聞此一談。却有可取。某每爲人言之。

公又曰學者直是先理會取根本始得其他末節都闕孔子曰蓋有不知而作之者我無是也不知根本後凡所見聞都奔向那裏去也若知根本行住坐臥無處不是中立以謂如何胡理曰楊先生常愛說一箇仁字其道甚大公曰大都根本只是箇誠仁在其中矣譬如造酒須下得脚是始得脚是方論美惡下脚不是終不成酒人若不知根本雖勤無補性明試以老夫鄙言思之須得箇道理去予試思之有無窮之味某從學溫公時亦只得這箇言語這便是精要處也已上出南都道護錄

貞廟出喜雨詩示三府聚看於　上前王文正公袖歸因論同列曰　上詩有一字誤寫莫進入改却王冀公曰此亦無害欽若退而陰有奏陳翌日　上怒謂公曰昨日朕詩有誤寫字卿等皆見何不奏來公再拜稱謝曰臣昨日得詩未暇再閱

有失奏陳。不勝皇懼。諸公皆再拜。獨馬知節不拜。具言公欲奏白。而欽若沮之。又王某略不自辨。眞宰相器也。 上顧公笑而撫諭之。

有卜者上封事。語干宮禁。 上怒。令捕之繫獄。坐以法。因籍其家。得朝士往還書尺。 上曰。此人狂妄。果臣僚與之遊從。盡可付御史獄按罪。公得之以歸。翌日獨對。曰臣看卜者家藏文字。皆與人筭命選日草本。即無言及朝廷事。臣記往年亦曾令推步當生星辰。其狀尚存。因出以奏曰。果行乞以臣此狀同問罪。 上曰。此皆已發露。公曰。豈可臣自有之。而幸於未發。惟罪衆人也。 上曰。卿意如何。對曰。臣不欲以卜祝賤流累及朝臣。 上乃解。公至政府。即時焚去。繼有大臣乞行根治。欲因而擠人。 上令中使再取其狀。公曰。得旨已寢。尋焚去矣。

有貨玉帶者持以及門公之弟兵部因持以呈公公曰如何弟曰甚佳公命繫之曰還見佳否弟曰繫之安得自見公曰玉亦石也得不重乎自負重而使觀者稱好無乃勞也我腰間不稱此物亟還之故平生所服止於賜帶

韓魏公曰君子當先處己至於義足然後委之以命可以無悔人能平得有己之心則爲賢人矣人莫不能道之及行事大爲難事常令着意於此勿以爲易也

内剛不可屈而外能處之以和者所濟多矣

公爲丞相每見文字有攻人隱惡者即手自封之未嘗使人見吾閲人多矣久而不變是爲難

寡慾則事簡識理則事無礙

公元勲盛德如此聞人一善則曰某不及

君子循理而動。靜以處之。禍福之來。非所感也。

君子能扶人之危。賙人之急。固是美事。能不自談益善矣。

處己以難。處人以易。則無往而不服。

君子業履須當精微。放過一事。便為小人所窺也。

公之客有被召而請教者。公曰。富貴易得。名節難保。

凡人語其所不平。氣必動。色必變。辭必厲。惟公不然。更說至小人忘恩背義。欲傾己。處辭和氣平。如道尋常事。

仁宗朝李都尉喜延士大夫。盡聲色之樂。一時館閣佳流無不往者。公於其間雖最年少。獨未嘗往焉。李數召公。而數以事辭。人有強之者。公曰。固欲往。但未有名耳。然公處不失和。李莫得致怨。同時諸公莫不被凌謔。而獨未嘗侵公也。公曰。以誠待之耳。

已上出名賢遺範録

范文正公仲淹少貧悴依睢陽朱氏家常與一術者遊會術者病篤使人呼文正而告曰吾善煉水銀爲白金吾見幼不足以付今以授子即以其方與所成白金一斤封誌納文正懷中文正方辭避而術者已絶後十餘年文正爲諫官術者之子長呼而告曰而父有神術昔之死也以汝尚幼故俾我收之今汝成立當以還汝出其方并白金授之封識宛然出東軒筆録

公曰君子言欲孫而行欲嚴蓋不孫則召禍不嚴則受侮孔子曰吾執御乎又曰丘也幸苟有過人必知之此雖遜何傷也若言媚竈則曰獲罪于天無所禱也蓋恐傷乎行不得不厲爾後世君子言之不孫者多矣於行則未嘗嚴也

問人之治身何者爲先人之所戒何者爲急公言易曰閑邪存其誠孔子曰思無邪則是人之治身以誠爲本而所戒者以邪爲

急。蓋正心誠意而行乎正。則動容舉措。無非正也。正之氣充于四體。發于面目。可以望而知其爲正人也。苟不正心誠意而存乎邪。則形容動作亦皆不正。充于四體。發于面目。可以望而知其爲邪人也。至於國之興亡。亦以正與不正。況于人乎。並出節孝先生語

胡文恭公平生守道。不以進退爲意。在文館二十餘年。每語後進曰。富貴貧賤。莫不有命。士人當修身俟時。無爲造物者所嗤。世以爲名言。出澠水燕談

韓魏公在大名日。有人獻玉盞二隻。云耕者入壞塚而得。表裏無纖瑕可指。亦絕寶也。公以百金荅之。尤爲寶玩。每開宴召客。特設一卓。覆以錦衣。置玉盞其上。一日召漕使。且將用之酌酒勸坐客。俄爲一吏誤觸倒。玉盞俱碎。坐客皆愕然。吏且伏地待罪。

公神色不動笑謂坐客曰凡物之成毀亦自有時數俄顧吏曰汝誤也非故也何罪之有坐客皆歎服公寬厚不已公帥定武時夜作書令一侍兵持燭於旁侍兵他顧燭燃公鬚公遽以袖摩之而作書如故少頃回視則已易其人矣公恐主吏鞭之亟呼視之曰勿易渠已解持燭矣軍中感服

魏公言狄青作定副帥一日宴公惟劉易先生與焉易性素踈訐時優人以儒爲戲易勃然謂黥卒敢如此詬詈武襄不絕口至擲樽俎以起公是時觀武襄氣殊自若不少動笑語益溫次日武襄首造劉易謝公於是時已知其有量並出韓魏王別錄

鄒公浩雖遇冗劇事處之常優游因論易曰常雜而不厭若雜而厭非所以爲常

韓治與同僚處一日有卒悍厲衆皆怒之唯韓不顧凝如平持徐

言曰。無忿疾于頑。惟頑能致人忿。故也。人謂其家學。蓋魏公之後。

一切世間君子小人好惡不常。若要一時周遍冠昏喪祭往還飲食之禮。一一過當周至時。費盡一生心力。只得人道是箇好周至人。然又不能使君子小人皆喜。所謂外慕也。只有一箇誠意千古萬今使不盡。

君子所以不言人之過者何也。未說口不臧否人也。未說先自治而後人也。秖是自治爲急。常恐自家身心錯了。念念在此。何暇管他別人。夫子曰夫我則不暇。

君之視臣如土芥。則臣視君如國人。此爲君而言也。非爲臣者所以責君。父子之間不責善。此爲父而言也。非爲子者所以責父。出無謂之言。行不必爲之事。不如其已。

以簡傲爲高。以諂諛爲禮。以刻薄爲聰明。以闒茸爲寬大。胥失之矣。

事上之道莫若忠。待下之道莫若恕。已上出晁氏客語

葉道卿自浙漕罷。以母老求司宮鑰。長子經臨江軍修謁。方入客次。聞衆賓聚首言道卿被罪。葉揖而問得報耶。賓曰。傳聞耳。曰。葉道卿乃某之家君。以祖母老求便實無過。衆賓赧幾失所措。信知稠人中不可妄談是非。昔人有言。客次與茶酒肆中。最宜謹默。可不信乎。出和氏談選

給事中徐禧歿於王事。朝廷録其子弟十餘人。以弟禨爲太廟齋郎。禨自陳。願閣此恩以待兄有嫡孫日推授。朝廷嘉而許之。禨爲太學生有聲名。而孝悌廉退之行又如此。

長安隱士曰高繹。有古人絕行。慶曆中召至京師。朝廷欲命以官。

固辭歸山。特賜安素處士。家甚貧。妻子寒餒。終不以困故受鄉人財。閉門讀書而已。並出文昌雜録

李文正嘗曰。士人當使王公聞名多而識面少。此最名言。蓋寧使王公訝其不來。無使王公厭其不去。如子尚何求名。惟在養其高致爾。厲以此言如佩韋弦也。出師友談紀

皇朝仕學規範卷第十一

行已

謝子與伊川別一年。往見之。伊川曰。相別又一年。做得甚工夫。謝曰。也只是去箇矜字。曰。何故。曰。子細點檢來。病痛盡在這裏。若按伏得這箇罪過。方有向進處。伊川點頭。因語在坐同志者曰。此人爲學。切問近思者也。余問矜字罪過何故恁地大。謝子曰。今人做事。只管要誇耀別人耳目。渾不關自家受用事。譬如人。食前方丈。便向人前喫。蔬食菜羹。卻去屋裏喫也。

或問呂與叔。問常患思慮紛擾。程夫子荅以心主於敬。則自然不紛擾。何謂敬。謝子曰。事至應之。不與之往。非敬乎。萬變而此常存。奚紛擾之有。夫子曰。事思敬。正謂此耳。

申顏自謂不可一日無侯無可。或問其故。曰。無可能攻人之過。一日不見則吾不得聞吾過矣。
門人有初見請教者先生曰人須先立志志立則有根本譬如植木須先有箇根本然後培養能成合抱之木若無根本又培養箇甚
李泌不娶妻食肉見他已甚必不能久亦自無此理如今只是學箇依本分。
今人有明知此事義理有不可尚吝惜不肯捨去只是不勇與月攘一鷄何異天下之達道三智仁勇如斯而已。
有所偏且克將去尚恐不恰好不須慮恐過甚曾本此下註云矯揉就中之謂也。
問一日靜坐見一切事平等皆在我和氣中此是仁否曰此只是靜中工夫只是心虛氣平也須於應事時有此氣象方好。

都是常惺惺法。心齋是事事放下。其理不同。

或曰。矜夸爲害最大。先生曰。舜傳位與禹。是大小大事。只稱他不矜不伐。若無矜伐。更有甚事。人有已。便有夸心。立已與物。幾時到得與天爲一處。須是克已。纔覺時。便克將去。從偏勝處克。克已之私。則見理矣。曰。獨處時未必有此心。多是見人後如此。曰子路衣敝縕袍。與衣狐貉者立而不恥。許大子路。孔子却只稱其如此。只爲他心下無事。此等事打疊過。不怕此心因事出來。正好着工夫。不見可欲。却無下工夫處。曰。有人未必有所得。却能守本分。何也。曰。亦有之。人之病不一。此是賢底病。人却別有病處。

謝子見河南夫子。辭而歸。尹子送焉。問曰。何以教我耶。謝子曰。吾徒朝夕從先生。見行則學。聞言則識。譬如有人服烏頭者。方其

服之，顏色悦澤，筋力強盛，一旦烏頭力去，將如之何？尹子反，以告夫子，夫子曰：可謂益友矣。已上出上蔡語録

物有圭角，多刺人眼目，亦易玷闕，故君子處世，當渾然天成，則人不厭棄矣。

君子之治心養氣，接物應事，唯直而已，直則無所事矣。康子饋藥，孔子既拜而受之矣，乃曰：丘未達，不敢嘗。此疑於拂人情，然聖人謹疾，豈敢嘗未達之藥？既不敢嘗，則直言之，何用委曲？微生高乞醯，以與人，是在今之君子，葢常事耳，顧亦何害？然孔子不以爲直，以所以辭康子之言觀之，信乎其不直也。學者必欲進德，則行已不可不直，葢孔子之門人，皆於其師無隱情者，知直故也。如宰我短喪之問之類。

曾子曰：士不可以不洪毅，人須能洪，然後有容，因言陳述古先生

云。丈夫當容人。勿爲人所容。

忠信乃爲進德之基本。無忠信則如在虛空中行。德何以進。

正心到寂然不動處。方是極致。以此感而遂通天下之故。其於平天下也何有。

章郇公在私第。子弟有夜叩門禀事者。公曰。若是公事。明早來待漏院理會。若是私事。即於堂前夫人處禀覆。在中書。一日坐處地陷。徐起使人塡之。不以爲怪。家人聞之甚憂。及公還家。亦不言。至晚。公與弟虞部者對飲。虞部問公。今日聞中書地陷。是否。曰。中書地陷。何干汝事。竟不言。前輩大抵有此氣象。卒乍搖撼不動。已上出龜山語録

孫文懿公。眉州魚蚍人。少時家貧。欲典田赴試京師。自經縣判狀。尉李昭言戲之。似君人物。求試京師者有幾。文懿以第三登第。

後判審官院。李昭言者赴調見公恐甚。意公不忘前日之言也。公特差昭言知眉州。又公嘗聚徒滎州。貧甚。得束脩之物持歸。爲一村鎮將悉稅之。至公任監左藏庫。鎮將者部川絹綱至。見公愧懼。公慰藉之。黃金一兩贈其歸。其盛德如此。

賈内翰黯以狀元及第歸鄧州。范文正公爲守。内翰謝文正門。某晚生偶得科第。願受教。文正曰。君不憂不顯。惟不欺二字可終身行之。内翰拜其言不忘。每語人曰。吾得於范文正者。平生用之不盡也。

元豐間。文潞公以太尉留守西京。未交印。先就第廟坐見監司府官。唐介參政之子義問爲轉運判官。退謂其客尹煥曰。先公爲臺官。嘗言潞公。今豈挾以爲恨耶。某當避之。煥曰。潞公所爲必有理。姑聽之。明日。公交府事。以次見監司府官如常儀。或以問

公。公曰。吾未視府事。三公見庶僚也。既交印。河南知府見監司
矣。義問聞之。復謂煥曰。微君。殆有失於潞公也。一日潞公謂義
問曰。　仁宗朝先參政爲臺諫。以言某謫官。某亦罷相判許
州。未幾。某復召還相位。某上言。唐某所言正中臣罪。召臣未召
唐某。臣不敢行。　仁宗用某言。起參政通判潭州。尋至大用。
與某同執政。相知爲深。義問聞潞公之言。至感泣。自此出入潞
公門下。後潞公爲平章重事。薦義問以集賢殿修撰帥荆南。烏
乎。潞公之德度絶人。蓋如此。

温公入相元祐。薦劉器之爲館職。謂器之曰。足下知所以相薦否。
器之曰。某獲從公遊舊矣。公曰。非也。某閑居。足下時節問訊不
絶。某位政府。足下獨無書。此某之所以相薦也。

范忠宣公帥慶陽時。爲總管种詁無故訟於朝。　上遣御史按

治。詰停任。公亦罷帥。至公爲樞密副使。詰尚停任。復薦爲永興軍路鈐轄。又薦知隰州。公每自咎曰。先人與种氏上世有契義。某不肖爲其子孫所訟。寧論事之曲直哉。嗚呼。可謂以德報怨者也。

田晝者。字承君。陽翟人。故樞密宣簡公姪也。其人物雄偉。議論慷慨。俱有前輩之風。鄒浩志全者。教授潁川。與承君遊相樂也。浩性懦。因得承君故。遇事輒自激勵。元符間。承君監京城門。一日報 上召志全。承君爲之喜。又一日報志全賜對。承君益喜。監門法不許出。志全亦不來。久之。志全除言官。承君始望志全矣。志全遣客見承君。以測其意。客問承君近讀何書。承君曰。吾作墨子詩。有知君既得雲梯後。應悔當年泣涤絲之句。爲鄒志全發也。客言於志全。志全折簡謝承君。辭甚苦。因約相見。承君曰斯人尚有所畏未可絶也取告見之問志全曰平生與君相許者何如今君爲何官志全愧謝曰 上遇羣臣未嘗假以聲色獨於某若相喜者今天下事故不勝言意欲使 上益相信而後言貴可有益也承君許之旣而朋黨之禍大起時阜日變更承君謝病歸陽翟田舍一日報廢 皇后孟氏立劉氏爲皇后承君語諸子曰志全不言可以絶交矣又一日志全以書約承君會潁昌中途承君喜甚亟往志全具言諫廢立皇后時某之言戇矣 上初不怒也某因奏曰臣即死不復望清光矣下殿拜辭以去至殿門望 上猶未興凝然若有所思也明日某得罪志全承君相留三日臨别志全出滯承君正色責曰使志全隱默官京師遇寒疾不汗五日死矣豈獨嶺海之外能死人哉願君無以此舉自滿士所當爲者未止此也

志全莛然自失歎息曰君之贈我厚矣乃別去建中靖國初承君入爲大宗丞宰相曾布欲收置門下不能屈除提舉常平亦辭請知淮陽軍以去吏民畏愛之歲大疫承君日自挾醫户問病者藥之良勤一日小疾不出正晝二軍之人盡見承君擁騎從騰空而去就問之死矣或曰爲淮陽土神云

范魯公誡子孫其略曰戒爾學立身莫若先孝悌怡怡奉親長不敢生驕易戰戰復兢兢造次必於是戒爾學干祿莫若勤道藝嘗聞道格言學而優則仕不患人不知惟患學不至戒爾遠耻辱恭則近乎禮自卑而尊人先彼而後己相鼠與茅鴟宜鑑詩人刺戒爾勿曠放曠放非端士周孔垂名教齊梁尚清議南朝稱八達千載穢青史戒爾勿嗜酒狂藥非佳味能移謹厚性化爲兇險類古今傾敗者歷歷皆可記戒爾勿多言多言衆所忌

苟不謹樞機。災危從此始。是非毀譽間。適足爲身累。舉世重交遊。擬結金蘭契。忿怒從是生。風波當時起。所以君子性。汪汪淡如水。舉世好承奉。激昂增意氣。不知承奉者。以爾爲玩戲。所以古人疾。籧篨與戚施。舉世重任俠。俗呼爲氣義。爲人赴急難。往往陷刑制。所以馬援書。勤勤告諸子。舉世賤清素。奉身好華侈。肥馬衣輕裘。揚揚過閭里。雖得市童憐。還爲識者鄙。恭惟

祖宗所用宰輔。皆忠厚篤實之士。獨魯公爲之稱首。余讀國史得其詩。録以爲子孫戒。（已上出邵氏聞見前録）

予見司馬文正公親書一帖。光年五六歲。弄青胡桃。女兄欲爲脫其皮不得。女兄去。一婢子以湯脫之。女兄復來。問脫胡桃皮者。光曰自脫也。先公適見。訶之曰。小子何得謾語。光自是不敢謾語。後公以誠學授劉器之。曰自不謾語入。東坡書公神道之石。

亦曰論公之德。至於感人心。動天地。巍巍如此。而蔽以三言曰誠。曰一云。

張堯封從孫明復先生。學於南京。其女子常執事左右。堯封死。入禁中爲貴妃。寵遇第一。數遣使致禮于明復。明復閉門拒之終身。並出邵氏聞見後録

皇朝仕學規範卷第十二

行己　涖官

仕學規範

卷十三至十五

皇朝仕學規範卷第十三

行己

龜山先生答黄用和箋云富鄭公言士大夫須有崇深氣象所謂崇深豈非欲自尊大而使之不可測耶曰崇則尊嚴深則不淺露黄以爲深中其病

富文忠公少日有詬者如不聞或問曰恐罵他人曰斥公名云富某曰天下安知無同姓名者

許少伊語林季仲大凡做事着力不在面皮上已上出步里客談

治性之道必審己之所有餘而強其不足蓋聰明疏通者戒於太察寡聞少見者戒於壅蔽勇猛剛強者戒於太暴仁恩溫良者戒於無斷沉靜安舒者戒於後時廣心浩大者戒於遺亡右康衡所上疏元城先生嘗稱之曰君子不以言取人不以人廢言

故言之可取者。君子不廢之。此語亦可以爲座右銘。出懶眞子錄

人有忿爭者。和靖曰。莫大之禍。起於須臾之不忍。不可不謹。出涪陵記善錄

君子小人並生於世。其好榮惡辱之心則同。縉紳謂市道爲可着者。將以名節勝之耳。學問所以求爲名節。而文章者所以飾之之具也。棄名節而竊學問文章之稱。是猶立糞土爲墻屋。以丹堊飾之。而遨居寢卧其下。其不爲覆壓則幸而已矣。

君子立身。自有本末。使福可爲而禍可去。猶不當少貶以就。況命本於天。決非人力所能增損。而相時射利者自以爲計得。豈非惑歟。吾見其徒爲此紛紛也。出龍溪文集

寡言擇交。可以無悔吝。可以免憂辱。

無瑕之玉。可以爲國器。孝悌之子。可以爲家瑞。

寶貨用之有盡忠孝享之無窮。

和以處衆寬以接下恕以待人君子也。

坐密室如通衢馭寸心如六馬可以免過。

多言則背道多慾則傷生。

語人之短不曰直濟人之惡不曰義。

好勝者必敗貪榮者必辱。

知足則樂務貪則憂。

內睦者家道昌外睦者人事濟。

不護人短不周人急非仁義也。

心不清則無以見道志不確則無以立功。

結怨於人謂之種禍捨善不爲謂之自賊。

聲色者敗德之具思慮者殘生之本。

爲善不如捨惡救過不如省非。
勉強爲善勝於因循爲惡。
責人者不全交自恕者不改過。
自滿者敗自矜者愚自賊者忍。
寡言省謗寡慾保身。
行坦途者肆而忽故疾走則蹶行險途者畏而謹故徐步則不跌。
然後知安樂有致死之道憂患爲養生之本可不省諸。
廣積聚者遺子孫以禍害多聲色者殘性命以斤斧。
以衆資己者心逸而事濟以己禦衆者心勞而怨聚。
自信者人亦信之胡越猶弟兄自疑者人亦疑之身外皆敵國。
爲善如負重登山志雖已確而力猶恐不及爲惡如乘駿走坂雖
不加鞭策而足亦不能制。

善惡報緩者，非天網疏，是欲成君子而滅小人也。

薄於所親而責人重者，不可與言交；好名欲速者，不可與共謀；貪而喜詐者，不可與同利害；忍而好勝者，不可與同逸樂。

爲己重者不仁，好廣積者不義，足恭者無禮，貪名者無智。

功名官爵，貨財聲色，皆謂之欲，俱可以殺身。或問之曰：欲可去乎？曰：不可。飢者欲食，寒者欲衣，無後者欲子孫，是甘於自殺也。然知足而不貪，知節而不淫，無沽名之心，而不求功，亦庶幾乎欲可窒也。

立身之道，内剛外柔；肥家之道，上遜下順。不和不可以接物，不嚴不可以馭下。

壽夭在天，安危在人。知天理者，夭或可壽；忽人事者，雖安必危。

欲去病則正本，本固則病可攻，藥石可以效；欲齊家則正身，身端則家可理。號令可以行。固其本。端其身。非一朝一夕之事也。

以愛妻子之心事親。則曲盡其孝。以保富貴之策奉君。則無往不忠。以責人之心責己。則寡過。以恕己之心恕人。則全交。

以忠孝遺子孫者昌。以智術遺子孫者亡。以謙接物者強。以善自衞者良。

知足者。貧賤亦樂。不知足者。富貴亦憂。

器滿則溢。人滿則喪。

行四通八達之衢者。不迷。思大公至正之道者。不惑。

蠻夷不可以力勝。而可以信服。鬼神不可以詐欺。而可以誠達。況涉世與人爲徒者。誠信其可捨諸。

歲月。已往者不可復。未來者不可期。見在者不可失。爲善則善應。爲惡則惡報。成名滅身。惟自取如何耳。

屈己者能處衆、好勝者必遇敵。

有限之器、投之則滿、盈則溢、太虚之空、物物自容。靜躁覓猛、視量如何耳。

蓋棺始能定士之賢愚、臨事始能見人之操守。

猛虎能食人、不幸而遇之、必疾走以避。小人能媚人、人喜與之親、不幸而同利害、必巧爲中傷。

内不欺於妻子者、事親必孝。外不欺於朋友者、事君必忠。

高不可欺者、天也。尊不可欺者、君也。内不可欺者、親也。外不可欺者、人也。四者既不可欺、心其可欺乎。心不欺人、人其欺我乎。

溺愛者、愛制於妻子。患失者、屈己於富貴。

涉世應物、有以橫逆加我者、譬由行草莽中、荊棘之在衣、徐行緩解而已。所謂荊棘者、亦何心哉。如是則方寸不勞、而怨可釋。

以言傷人者。利於刀斧。以術害人者。毒於虎狼。言不可不謹。術不可不謹也。

誠無悔。恕無怨。和無仇。忍無辱。

耳不聞人之非。目不視人之短。口不言人之過。庶幾爲君子。以上出省心雜言

人欲常和豫快適。莫若使胷中秋毫無所慊。孟子言仰不愧天。俯不怍人。爲一樂。此非身履之。無以知聖賢之言爲不妄也。吾少從陝州一老先生樂君嘉問學。樂君好舉東漢延篤書語人曰。篤云。吾昧爽梳櫛。坐於客堂。朝則誦羲文之易。虞夏之書。歷姬旦之典。覽仲尼之春秋。夕則逍遥内階。誦詠南軒。百家衆氏。投間而作。不知天之爲蓋。地之爲輿。不知世之有人。己之有軀。其所以然者。乃自於束脩以來。爲人臣不陷於不忠。爲人子不陷

於不孝。上交不諂。下交不瀆。固自謂有得於篤者。今士大夫出入憂患之域。艱難百罹。未嘗獲伸眉一笑。其間雖或出於非意。然推其故。非得罪於君親。則必不能無愧上下之交。苟免此四者。未有不休休然者。

趙康靖公槩。厚德長者。口未嘗言人短。與歐陽文忠公同爲制誥。後亦同秉政。及文忠被謗。康靖密申辨理。至於納平生誥勑以保之。文忠不知也。中歲嘗置黃黑二豆於几桉間。且自數之。每興一善念。爲一善事。則投一黃豆於別器內。每興一不善念。爲一不善事。則投一黑豆於別器。暮發視之。後黑豆漸少。久之。既謝事歸南京。二念不興。遂徹豆無可數。人強於爲善。亦在造次之間每自防檢。此與趙清獻公焚夜香。日告其所行之事於上帝同也。

大抵人才有四種。德量爲上。氣節次之。學術又次之。材能又次之。
欲求成材。四者不可不備。論所不足。則材能不如學術。學術不
如氣節。氣節不如德量。然人亦安能全。顧有偏勝。亦視其所成
之者如何。故德量不可不養。氣節不可不學。學術不可不正。材
能不可不勉。苟以是存心。隨所成就。亦使不作中品人物。唐人
房喬裴度優於德量。宋景張九齡優於氣節。魏鄭公陸贄優於
學術。姚崇李德裕優於材能。姚崇弊於權數。李德裕溺於愛憎。
則所勝者爲之累也。汝曹方讀唐書。當以是類求。則益其他瑣
細與無用之空文。不足多講。徒亂人意爾。已二出石林避暑録
一士夫遠自江浙携家入廣赴調。且以貧爲累。焦焦然見於顔色。
因謂之曰。貧不足爲公累。心爲公累耳。若公不入仕。又何以處。
隨分節約。老幼均之。自可無累。若恣口腹。欲快意。但恐私慾横

生無時可足貪冒無恥禍必及之回視節約之樂如在天上請公先與此心斷之便自無累

爲善而好名乃是大患若能涵養消除其好名之心方是爲善耳不然則有作輟矣

或問不幸與小人處如何先生曰常自點檢

或問人有謗己辯之則愈謗不辯則有所不甘當如何曰無愧此心足矣辯之固不足不甘只是所養未至

或問先生幼年處學舍正當苦寒衣衾不備終夜看書不已每至達旦鄉里富人或以衣物見惠力辭不受或不得已受之乃以與同舍之貧者此豈無情耶先生曰士處貧困正是用工夫時節若不痛自節抑則貪欲必生廉恥盡喪工夫安在孟子曰士尚志志之所在豈可爲貧困奪了於此時下得工夫則器局漸漸

涵養覺大死生禍福窮達得喪便可無間斷我豈矯情者耶此士所合爲者。已上出横浦語録

爲善者常受福爲利者常受禍心安爲福心勞爲禍。

用明於内者見己之過用明於外者見人之過見己之過者視天下皆勝己也見人之過者視天下皆不如己也此智愚所以分歟。

窮達繫道之興廢不爲己之貴賤故有道之士處窮而不悶。

范文正公歸姑蘇未至近邑先投遠狀或以爲太過公曰維桑與梓必恭敬止敢不盡禮乎前輩長厚大抵如此。

一念之善則天神地示祥風和氣皆在于此一念之惡則妖星癘鬼凶荒札瘥皆在于此是以君子謹其獨。

富鄭公年八十大書座屏云守口如瓶防意如城在公尚然況他

人乎。

喜逆巳之言。則怨消於冥冥。惡逆巳之言。則禍成於不測。

士大夫以氣爲主。氣一不振。則阿匼苟容。無不爲矣。已上出横浦日新

皇朝仕學規範卷第十三

皇朝仕學規範卷第十四

涖官

左丞高防在蔡州日部民王乂爲賊所劫捕得其黨五人繫獄窮理贓仗已具録事參軍司徒達判官盧絃據案請加極典防疑其不實取贓閱之因召王乂問曰爾家所失衫袴是一端布邪乂曰然防令校其幅尺皆廣狹不同又疎密差異賊乃稱冤防曰何故伏罪賊曰不任捶楚蓋自誣以求速死耳居數日獲其本賊絃達叩頭請罪防皆不奏得活者欲詣闕訟防之功訴絃達之罪防遽令止絶爲製衫帽具酒食諭而遣之（出太祖朝名臣傳）

武節使行德遷河南尹西京留守時官禁鹽入城犯者法至死募告者賞錢十萬洛陽縣民家嫗持菜入城中賣有桑門從嫗買少償其直取菜反覆顧視不買而去嫗既不售持入城門抱關

者搜筥中得鹽擒以詣府行德詰嫗嫗言桑門嘗買菜顧視良久而去即令捕桑門具伏與抱關吏相結以鹽誣嫗欲希其賞行德釋嫗治桑門及抱關吏數輩人皆畏之若神明都下清肅

沈恭惠公倫建隆三年遷給事中賜金紫爲陝西轉運使乾德中蜀平以倫爲計度制度使先是大將軍王全斌崔彥進等入成都也皆厚掊斂民家玉帛子女洎倫至獨居佛寺蔬食而已及受代歸關篋中唯圖書數卷　太祖廉知之故貶全斌等擢倫爲戶部侍郎樞密副使（並出太宗朝名臣傳）

柳開仲塗　太宗特擢爲右贊善大夫及征河東命從駕督楚泗八州運糧會盜起常潤選知常州至則遣人招諭群盜設計擒之賊懼悉來歸因出私錢爲賞解衣賜賊帥置之左右或曰寇不可近開曰彼失所則盜得其所乃吾民也始懼死而我親

愛之。出其望也。以赤心感之。彼必盡歸我矣。不半歲境內悉寧。命知環州。是州與吐蕃接境。州人與蕃中貿易。悉自制衡量增減其直以與之。或戎人有訟官司又不之理。以故戎境多怨。開至一其價直。民欺戎人者罪之。部落翕然歸向。未幾移邠州。時調民輦送趣環慶。歲已再運。民皆蕩析產業。而轉運使復督後運。民數千人詣州號訴。且曰力不逮。願就死矣。開亟貽書轉運使曰。開近離環州。知芻糧計不增。大兵可支四年。今蠶農方作。再運半發。老幼疲弊。畜乘困竭。柰何又苦之。如不能。開即馳詣闕下白於　上前矣。卒罷之。

陳諫議省華。累遷京兆櫟陽令。縣之鄭白渠。爲鄰邑強族所據。民久不得訴。省華以理辨之。盡去壅遏之弊。水利均及。衆頗賴之。又民有累世不葬其先。省華召而諭之。貧無以具者。給貲爲助。

至道初姑蘇水災民饑亟召省華拜祠部員外郎知蘇州賜金紫至則復流民數千户殍者悉瘗埋之詔書褒美

趙昌言復知天雄軍府臨大河豪民有峙芻茭者將圖厚利誘一姦人使穴其隄防歲仍決溢昌言廉知之一日隄吏告急徑取豪家廥積以給用自是無敢爲姦利者會秋霖河溢逼城籍府兵負土增隄數不及千索禁卒以佐其役師人偃蹇不進昌言怒曰府城將墊人民且溺汝輩食厚禄欲坐觀耶敢不從命者斬士衆股慄就役不浹辰而城備 太宗善之召拜給事中參知政事

王刑部濟爲漳州龍溪主簿時福建諸郡輸鶴翎爲箭羽既非常有之物而官司督責尤急民甚苦之濟輒以便宜諭部民用鵝翎代之因附驛奏裁詔可其請施行旁郡民咸便之屬歲旱而

縣有陂塘數百頃，先爲大姓輸課而專其利。濟悉取之，引水以漑民田，自是無愆亢之患。汀州以銀冶事爭訟踰十年不盡，凡連逮數百人繫獄，轉運使命濟鞫之，纔七日盡得其情，從坐者數人而已。

邵諫議曄知蓬州録事參軍時，太子中舍楊全知州，性悍率，不曉理道，部民李助十三人被誣爲刼盜，悉寘于死。曄察其枉，不書牘，白全願劾其實，全不聽，乃取二人棄市，餘減死械送闕下。曁日果獲正盜，全坐削籍爲民。曄代還引對，太宗謂曰：爾能活吾平民，深可奬也。面賜緋魚錢五萬，命有司以全事戒諭天下。擢曄光禄寺丞，使廣南採訪刑獄，後知廣州。城瀕海，每蕃舶及岸，常苦颶風，曄鑿内壕通舟，颶不爲害。及遇疾，吏民蕃賈詣佛寺設會以禱之，其卒也多灑泣焉。

李刺史繼昌性謹厚。所至以寬柔爲治。衆頗懷之。任峽路日。與上官正聯職。正嚴忍好殺。嘗有縣胥護送芻糧。地遠後時而至。正令曳出斬之。繼昌徐爲慰解。卒貸焉。其當死救護而免者頗衆。

馬正惠公知節。知秦州。其州嘗質羌首之支屬二十輩。殆踰二紀。知節曰。羌亦人也。豈不懷土。悉遣還之。蕃落感其惠。訖受代無犯塞者。時小泉銀監院井久不發。而歲課弗除。主吏没家産備償猶未盡。知節三奏。始得請蠲之。仍許以日收爲額。會知益州宋大初與鈐轄楊懷忠不協。以知節諳其習俗。乃授西上閤門使知益州。兼本路轉運。自乾德平蜀後。歲貢羅綺動逾萬計。籍里民補牙校部舟運。歷三峽而下。沉覆殆半。破産不能償。州民深以爲患。知節請擇廷臣省吏二十人。凡舟二十艘爲一綱。以二人主之。三載一代。而較其課。自是鮮敗事者。蜀人賴焉。

王侍中嗣宗知邠州，郡城東有廟曰靈應公，旁有山穴，群狐處焉。妖巫挾之爲人禍福，風俗尤信向，水旱疾疫悉禱之。民家語言爲之諱狐。嗣宗燻而逐之，盡塞其穴，淫祀遂息。已上出真宗朝名臣傳

李集賢行簡在蜀時，富民陳子美者，繼母詐爲父書逐出之，累訴不得直。轉運檄行簡劾正其事，及代還，子美乃遺以黄金五百兩，行簡怒不納，感泣而去。

王文穆公欽若遷太常丞、判三司理欠憑由司，上䟽請盡蠲天下宿負，以廣恩澤。乃自乾德至咸平，放逋負一千餘萬，釋繫囚三千餘人。

李允則知潭州，兼管幹湖南路巡檢兵甲公事。初，馬氏暴斂州人出絹，謂之地稅絹；又屋每間輸絹丈三尺，謂之屋稅絹；又牛歲輸米四斛，牛死猶輸，謂之枯骨稅。允則一切除之。又民輸茶，初

以九斤爲大斤。後益至三十五斤。兑則請以十三斤半爲定制。
又度湖湘山田可以蒔禾。而民惰不墾耕。乃下令月所給馬芻。
皆輸本色。由是山田悉墾之。會湖南饑。欲發官廪先賑之而後
奏。轉運使以爲不可。兑則曰。須報踰月。則饑者無及矣。不聽。明
年又饑。復欲先賑之。轉運使又執不可。兑則乃願以家貲爲質。
由是全活者數萬人。
馬忠肅公亮以殿中丞通判常州。時吏有亡失官物。械繫妻子。至
連逮者數百人。亮一切縱去。許自償所負。不踰月而盡輸之。擢
知濮州。徙福建轉運同提點刑獄。時初置提點刑獄。亮至部。覆
訊寃獄。全活者數十人。亮爲西川轉運使。時諸州鹽井。歲久泉
涸。而官督所負課。州繫捕各數百人。亮盡釋繫者。而廢其井。凡
除所逋。三百餘萬。代還。以潭州屬縣有亡命卒。剽攻。爲鄉人共

謀殺之。在法當死者四人。亮謂其僚屬曰。夫能爲民去害而反坐以死。豈法意邪。乃批其案悉貸之。

寇密學瑊權知開封府。戚里有毆妻更赦事發者。太后怒曰。夫妻以義合。柰何毆以致死邪。瑊對曰。傷居限外。事在赦前。既付有司。不敢亂天下法。卒免死。

李龍圖紘知磁州。部有宋平者。參知政事陳堯佐妻黨也。貪横不法。紘首按其姦贓而竄逐之。部中爲之肅然。

陳刑部貫知衛州。徙涇州。州人以嚴見憚。雖簿書筦庫賦租出入。莫不親檢察之。嘗謂其僚屬曰。儻視官物如己物。容有姦乎。擢利州路轉運使。屬歲饑。出所得職田粟盡以賑民。富民有積粟者。率令計口自占。其數有餘則皆發。已上出仁宗朝名臣傳

皇朝仕學規範卷第十四

皇朝仕學規範卷第十五

涖官

李給事賀爲江淮制置發運使東南歲漕米京師置軍將大將隸發運司部糧而江南多物産利於商販常賂三司吏以求善地以故不能均而貧者多盜官糧賀乃籍諸州所出物厚薄爲三等較其功過下泗州預定當運之地於是人知賞罰而絕干求之弊是歲增漕米一百七十萬降詔獎諭蘇州水壞太湖外塘又海旁支渠堙塞廢民耕田詔賀與兩浙轉運使徐奭領塘事伐石築堤浚積潦自吳江東赴海流民得自占者二萬六千家歲出苗租三十萬塘成特遷刑部郎中

宋宣獻公綬判三司憑由司建言比歲下赦令釋逋負而稽期未報者六十八州軍請諸路選人覈校之限半月以聞於是蠲械

繫三千二百人所除數百萬。

燕禮部肅權審刑院先是天下疑獄雖聽奏讞而多以不應奏得罪故州郡不敢上讞而冤獄常多肅建請諸獄疑皆聽讞讞而不當者官吏皆不坐自是全活者甚衆。

王忠穆公鬷徙蘇州還爲三司鹽鐵副使龍圖閣待制馬季良建言京師賈人常以賤價居茶鹽交引請官置務收市之時季良方貴用事有司莫敢忤其意鬷獨執不可曰與民競利非國體也他日　上見勞之曰官市交引賴卿力言罷之甚善知益州會戍卒有夜焚營脅軍校爲亂者鬷潛遣兵環其營下令曰不亂者斂手出門無所問於是衆皆出令軍校指亂卒得十餘人戮之及旦人皆不知也其爲政有大體不爲苛察蜀人愛之

司馬待制池歷睦州建德益州郫縣尉蜀人妄言戍兵叛又傳蠻

人將入寇。富室急瘗金玉。逃山谷間。縣令閭丘夢松假他事上府。主簿稱疾不出。池攝縣事。會上元。乃張燈作樂。縱民游觀。凡三夕。民心遂安。調鄭州防禦判官。知光州光山縣。頃之。大內火。詔諸州調竹木。州符期三日畢輸。池以土不産大竹。轉市蘄黄。非三日可至。乃更與民自爲期日。過期不輸者罪之。時盛度謫守光州。聞之怒甚。既而光山民輸竹爲諸縣先。度喜。薦於朝。

范給事諷通判淄州。是歲春大旱。六月始。民乏種食。諷行縣至鄒平。發官廩貸民。縣令爭之。諷曰。令無與也。即貸以萬斛。比秋民皆先期而輸。

姚龍圖仲孫。大中祥符八年進士及第。爲許州司理參軍。時王嗣宗知州事。民有被盗殺者。其妻訴里胥嘗責賄於其夫。不與。而怨此。必盗也。乃捕繫獄。將傅以死。而仲孫疑之。嗣宗怒曰。若保非盜也邪。然亦不敢遽決。後數日，果得真盜者。嗣宗方喜曰：審獄當如是也。再調邛州軍事推官，改資州，轉運使檄往富順監按疑獄，而全活者數十人。

韓文忠公億知洋州，里豪李甲者，兄死，迫嫁其嫂，因誣其子為他姓，以專其貲。嫂歷訴於官，甲輒賂吏，使掠服之。積十餘年，其訴不已。億為索舊牘視之，獨未嘗引乳醫為證。一日，盡召其黨，出乳醫示之，衆亡以為辭，寃遂辨。

呂文靖公夷簡通判通濠二州，往河北按行水災，還奏：田器有筭，非所以重本，請除之。因詔天下農器皆免筭。為提點兩浙刑獄公事。大中祥符初，大建宮觀，京師南方伐材木，有司責期會，至有死者，則以為亡命，捕繫其妻子。乃上疏請緩其程役。又方冬水涸，民苦於挽運，宜須河流通易，以兵卒送之。他日，真宗

謂曰觀卿所奏知有愛民憂國之心

陳文惠公堯佐就遷府推官以言事切直降通判潮州州去京師七千里民俗僻陋堯佐至州修孔子廟作韓吏部祠堂於是人率以知學時張氏子年十六與其母濯於惡溪爲鱷魚所噬堯佐以爲昔韓愈患鱷之害以文投谿中而鱷爲遠去今復害人不可不除使捕得更爲文鳴鼓於市而戮之

俞刑部獻卿補壽州安豐縣尉有僧積施財甚厚其徒殺而瘞之已而告縣曰師出遊矣獻卿揣其有姦曰吾與師善不告而去何也其徒色動因執之得其所瘞尸一縣大驚

王待制質通判蘇州與知州黃宗旦數爭事宗旦曰少年乃敢與丈人抗耶質曰受命佐公事有當爭職也嘗以病告居一日宗旦省視因言獄有盜鑄錢百餘人吾以術陰鉤得之質曰弋不

射宿惡陰中於物也今殺數人而徒流者又數十百人公中之也宗旦矍然大驚爲貸其死罪而餘悉輕出之還判尚書刑部南曹出知蔡州人歲時祠吴元濟廟質曰安有逆醜而廟食於民者毁之爲更立狄仁傑李愬像而祠之蔡人號雙廟云嘗權知荆南有媪訴其婦薄於養婦曰舅亡姑嫁既窮而歸且奉事無不謹質曰姑雖不良獨不顧若夫耶因取家人衣以衣媪又給以廪粟使歸養之皆感泣而去

李太傅若谷知常州宜興縣縣歲市湖洑茶數十萬斤舊以稅錢多數爲差等初吏不置籍得以高下其數若谷因爲籍以揭示之吏遂不能欺出知荆南府王蒙正爲駐泊都監倚 章獻太后姻故多不法若谷屢繩之監司佑蒙正奏徙若谷知潭州時有盜上下洞庭間邀刧舟船殺人即投湖中没其尸及捕獲

多蒙讞得減死黥配他州既而復逃歸爲患滋甚若谷潛使人禽致之條前後殺人狀磔于市縣是湖中盜息

鄭文肅公戩又徙永興軍建言凡軍中所須願下有司相度緩急折爲三等非急者一切罷之先是衙吏輸木京師浮渭泛河多漂没既至則斥不中程往往破家不能償戩爲言歲減二十餘萬又罷括糴之法勸邊民積粟

張文孝公觀徙澶州河嚙孫陳埽又壞浮橋州人大恐或請遷北原以避水患觀曰太守獨去如州民何乃躬率卒徒以增築之隄成水亦退徙鄆州兼西路安撫使舊法京東止通安邑鹽而瀕海之地禁私煮觀上言民之犯法者雖日殺于市恐不能止也請弛其禁以便民歲免黥鈴者不可勝計

夏文莊公竦徙壽州歷安洪二州洪州俗尚巫病者輒屏去親愛

其醫藥飲食一聽於神以故饑渴死者不可勝計揀索部中凡得十九百餘家毀其淫祠朝廷因下令江浙以南悉禁絶之。

郎刑部簡知袁州分宜縣徙知寶州縣吏死子幼贅壻僞券取其田後子長屢訴不得直因訟于朝下簡劾治簡示以舊案曰此爾婦翁書邪曰然又取僞券示之弗類也贅壻遂伏罪。

尹龍圖洙知河南府伊陽縣民有女幼孤而冒賀氏産鄰人證其非是而籍之後鄰人死女訴復請所籍産久不能決洙問若年幾何曰三十二乃按咸平籍二年賀死而妻劉爲户詰之曰若五年始生安得賀姓邪女遂伏。

杜正獻公衍又徙永興軍時西邊用兵民勞於調發至破産不能給衍爲區處計較量物有無貴賤道里遠近寬其期會使得次第輸送而車牛芻秣宿食來往比他州省費十六七拜同中書

門下平章事兼樞密使集賢殿大學士每內降與恩澤者。積十數面納　上前。上嘗謂諫官歐陽脩曰。外人知行封還內降邪。有求恩澤者。每以行不可告之而止者多於所封還也。由是僥倖寖不說。

吳正肅公育徙蔡州設保伍法。以檢制盜賊。是時京師讙言妖人數千在蔡州。詔遣中使名捕者十人至則請以巡檢兵趨確山索之。育謂曰。使者欲得妖人還報耶。請留勿往。此特鄉民依浮圖法相聚耳。可走一介召之則立至。今以兵往。人心驚疑。柰何。中使以為然。頃之。召十數人者果至。械送闕下。皆以無罪得釋。而告者遂伏辜。

陳恭公執中在中書八年。人莫敢干以私。四方問遺無及門者。

劉觀文沆出知衡州。大姓尹氏者。欲買鄰人田莫能得。鄰人老而子幼乃僞爲買券及鄰人死遂其子二十年不得直沆至子又出訴尹氏持積歲所收戶抄爲驗沆曰若田千頃戶抄豈特收于此乎又問其始爲券時嘗問他鄰乎其人固多在尹氏不能對遂伏

周諫議湛通判戎州其俗尚巫有病輒不醫皆聽巫以飲食往往不得愈湛爲禁俗之習爲巫者又刻方書於石自是人始用醫藥病者更得活以太常博士通判荆南遷尚書屯田員外郎知虔州提點廣南東路刑獄初江湖之民略良人鬻嶺外爲奴婢湛至聽其自陳得男女二千六百餘人還其鄉

曹龍圖頴叔通判儀州除夔州路轉運判官夔峽人有疾者不事醫藥而專祈神頴叔移所部悉禁淫祠奏以方書頒之爲陝西都轉運使兩川和買絹以給陝西軍衣而遠人苦於斂重頴叔

請歲出本路緡錢五十萬。坐庫收市之遂。紓兩川之患。

魏吏部瓘。知潭州衡山縣。衡祠旁舊禁民采伐。而寺僧倚中貴人。輒犯禁。無敢問。瓘捕送于州。州將依違不爲決。而瓘抗議不已。卒抵以罪。歷通判壽州。知隨安州。徙提點廣南西路刑獄。嵠峒婦人緣逋責沒邕州爲庸使者二千餘人。悉遣之。劉鋹時。舟船皆計口有稅。而雷化欽廉高五州。獨未除。瓘爲除其稅。

包孝肅公拯。出知楊州天長縣。有訴盜割牛舌者。拯使歸屠其牛鬻之。既而有告私殺牛者。拯曰。何爲割某家牛舌而又告之。盜者驚伏。拯立朝剛嚴。聞者皆憚之。至於閭里童稚婦女。亦知其名。貴戚宦官爲之斂手。舊制凡訟訴不得徑造府。吏坐門先收訟牒。謂之牌司。拯即命大開衙門。使徑至庭下。自道曲直。吏民不敢欺。已上出仁宗朝名臣傳

皇朝仕學規範卷第十五

涖官

仕學規範

卷十六至十九

皇朝仕學規範卷第十六

涖官

胡文恭公宿爲眞州楊子尉縣大水漂溺居民令不能救宿率公私舟活數千人以張士遜薦召試館閣校勘改集賢校理通判宣州知湖州州築石塘百里捍水患大興學校學者盛於東南自湖學始既去而人思之名其塘曰胡公塘

蔡端明襄遷起居舍人知制誥兼判流內銓呂景初吳中復馬遵坐論宰相梁適罷臺職除他官襄封還詞頭不草制其後屢有除授非當者皆輒封還之 仁宗嘉其守命賜其母以冠帔

韓忠獻公琦益州歲饑爲兩路體量安撫使異時有司督責賦役煩急收市上供物不以其直琦爲輕減蠲除之逐貪殘不職吏罷冗役數百人活饑民以百餘萬琦少有大志天下想聞其風

采識量宏偉。臨事不見憂喜之色。仁宗方選用大臣以理天下之務。至琦爲相。倚任尤至。琦因得選敕群司使奉法循理。各安其職。其所建明。顧義如何。不私與己。輕財好施。家無留貲。折節下士。无貴賤禮之如一。奬拔賢俊。苟公論所與。雖素所不悅。必收用之。故終琦之去。得人爲多。卒之天下晏然。百姓遂寧。刑罰衰止。衣食滋殖。琦之力也。後之論賢相。必稽焉。蓋其所自立。凜乎有大臣之風矣。

王光祿。罕知常州宜興縣。臨湖民歲訴水。多幸免。罕召父老列其田高下爲圖。明年以訴狀親往視之。曰某戶輸可免。某戶不可免。衆皆服。范仲淹知潤州。奏罕檢田法下諸路。西方用兵。三司仍年科箭羽。下東南諸州。調發若星火。其直踊貴。富家蓄羽以待價。罕白州盡括所有。倍時直而官市之。乃令民輸直。一路聞之。皆詣轉運使。願得如常州法。

李光祿孝基所治郡邑。雖甚劇。至午即却掃隱几。庭無人跡。有問其術者。曰。吾治無他。省事而已。

曾宣靖公公亮知越州會稽縣。民開田鑑湖旁。湖溢常害田。公亮即曹娥江隄。疏爲斗門。泄湖水入江。田以不病。民至今賴之。

王給事舉元知明州鄞縣。有治聲。徙知潮州。江水壞隄。盜乘間竊發。一郡大恐。舉元夜召里豪計議。明旦悉禽之。然後治隄而水患亦息。居久之。擢京東轉運使。先是罪人流沙門島者。衆守吏取其財物。往往陰殺之。以病死。舉元奏請舉官監島。而立賞罰。禁專殺者。自是多所全活。

李尚書允知鄧州。有富人榜僕至死。係頸投井中。而以自經爲解者。允曰。投井故不自經。自經豈復能投井。必吏有受財者。故使不承爾已而案吏果然。
朱少監壽隆。知彭州九隴縣。吏告一家七人以火死。壽隆曰。豈有一家無一人脫者。此必有姦。逾月獲果。乃殺其人而縱火爾。
歐陽文忠公脩秉政時。　英宗以疾未親政事。　慈聖光獻太后垂簾。脩與二三大臣主國論。每簾前奏事。或執政聚議。事有未可。脩未嘗不抗是非力爭。臺諫官至政事堂論事。雖非已出。同列未及啓口。而脩已直前折其短。以至士大夫建明利害。及所祈請。前此執政多媕阿不明白是非。至脩必一二數之曰。某事可行。某事不可行。用是怨誹者益多。　英宗嘗面稱脩曰。性直不避衆怨。脩亦嘗稱誦故相王曾之言曰。恩欲歸己。怨使誰當。已上出神宗朝名臣傳
徐修撰師孟。知吉州吉水縣。以戢吏聞。累遷提點虔州路刑獄。吏

數犯渝州邊。而提點刑獄司。故治萬州。有警浹日乃至。師孟奏徙治渝州。夷不敢復爲患。屬郡無常平倉。師孟請置之。歲大饑。發轉運倉。奏不待報。吏懼白不可。師孟曰。必待報至。民斃矣。趣發之。徙河東路麟州保德岢嵐火山軍寧化軍。故無常平粟。邊民饑則竄境外。師孟奏出度牒。募民入粟。置倉以備荒。政並汾晉與諸州山谷水可灌田者。悉相其地。釃爲渠。除三司度支判官。居一歲。自祠部郎中遷刑部。知洪州。積石爲堤。捍江浚豫章溝。揭北閘以節水升降。民無水患。

劉舍人攽治曹州。曹素多盜。朝廷立重法。而盜不息。攽曰。民不畏死。柰何以死懼之。至則尚寬平。務在不擾。歲中盜賊衰息。

李龍圖肅之知慶州。既至。嚴師律。益攻守之具。常若寇至。數月。徙瀛州。熙寧初。河北大雨。地震。數州城壁官舍民廬摧陷殆遍。肅之躬按行泥潦中結草爲囷以儲倉粟之暴露者出其所積以賑流移又爲茇舍以處之嚴盜禁一以軍法從事有叛卒夜掠民財立斬以徇人遂安息　帝嘉之遣中使勞問賜茶藥

李龍圖常調江州判官宣州觀察推官方重自持人畏憚之發運使楊佐欲薦改官常推其友劉琦佐曰不見此風久矣并薦之改大理寺丞又徙齊州齊多盜論報無虛日常得黠盜刺爲兵使在麾下他日詢其姦狀對曰此由富家爲之囊橐吏迹捕及門禽一人以首則免矣於是令藏盜之家並發屋破柱拔其根株自是姦無所匿

孫觀使覺徙知湖州松江隄爲民患覺易以石高一尋有奇長百餘里隄下悉爲良田除知蘇州監倉官鄭伋倚宰臣爲姦覺至以伋屬吏按治不少貸徙知福州閩俗厚於婚喪覺裁爲中法

使富家不得過百緡。令出，一日嫁娶者數百家，葬埋費減十五。

徙徐州。徐多盜，嘗有五盜殺人，而乙僅勝衣，訊之，云：遇甲于途，甲以四尺梃授我，半夜持我東使候諸門，他不與知也。覺問吏：法何如？曰：死。覺惻然，請誅其首，如乙者宥之，遂爲例。

趙懿簡公瞻移河中府萬泉縣令，以圭田修黌舍，鄰邑之士裹糧而至。知彭州永昌縣，築六堰均灌漑，以絶水訟，民以比召杜。

呂龍圖公孺就知河陽洛口，役兵千餘人憚役，不禀令，排關不得入，西趨河橋。其徒有來告者，諸將請出兵擊之，公孺曰：此曹亡命，窮之則生變。乃令曰：敢殺一人者斬。於是乘馬東出，令牙兵數人前諭曰：爾輩久役，固當還，然有不禀令之罪，若復度橋，則罪加重矣。太守在此，願自首者止道左。衆皆請罪，索其爲首并助謀者黥配之，餘置不問，復送役所。語洛口官曰：如尚敢偃蹇者即斬之衆帖然不敢動乃自劾不俟命詔釋之。

陳正議述古入爲三司户部判官故事吏案經使副裁決判官無所可否述古至事無巨細擇可書者書之不詭隨也出爲京東轉運使時執政帥青鄆事有不洽部使者莫敢問述古曰豈以大臣廢朝廷法繩治如列郡一道肅然。

曾資政孝寬以選知開封府咸平縣歲饑冬苦雨傷麥民詣府訴府以妄訴杖之孝寬爲躬視田辨其不誣得蠲歲租。

王通議端知襄邑縣有鬻犢於市者或執以爲盜詰之不服端命取兩家犢識其母輒從之盜遂服有禁卒遠戍亡歸爲捕者所得端詰之自言母老不勝子母情端曰此自首也法當原卒免死嘉祐赦敕服緑十五年者改緋端曰公卿子率襁褓得官未嘗從事而錫服與年勞者等何以示勸請從涖事日始遂著爲

令。

滕章敏公元發。復爲鄆州。歲方饑。乞淮南米二十萬石爲備。郡學生食不給。民爭公田二十年不決者。甫曰。學無糧而以良田飽頑民乎。乃請以爲學田。遂絕其訟。淮南京東饑。召城中富民與約曰。流民且至。無以處之則疾疫起。并及汝矣。吾得城外廢營。欲爲蓆屋以待之。民曰諾。爲屋二千五百間。一夕而成。流民至以次授地。并竈器用皆具。 上遣工部郎中王古按視。古圖上其事。有詔褒美。蓋活五萬人云。

苗待制時中。主寧陵簿。邑有古河歲久湮塞。時中建請疏導。漑民田。爲利甚博。邑人謂苗公河。爲路州司法參軍。鞫囚獄具。郡守欲論以死。時中執不可。守怒。詰責甚峻。時中曰。寧歸田里。誓不可奪。守悟。卒從其議。遷桂州臨桂令。爲司農寺丞。體量梓州路

常平役法等事書成上之薦能吏十人後皆進用時中未嘗以語人人亦莫知時中薦也

魯冀州有開知韋城縣曹濮有劇賊入境聞有開爲政相戒曰魯公去乃可來因遁去知確山縣獨破一大姓能撼邑事者縣遂無事興廢陂溉民田數千頃飛蝗不入境富弼守蔡薦有開有古循吏風守金州有蠱毒獄坐死幾十人有開曰欲毒人衾謀之可矣安得若是衆者訊之果誣時方旱獄決而雨

張文定公方平知蘇州崑山縣初吳越歸國郡邑地曠民占田無紀歲久多侵越訟數十年不能決方平召問所輸租稅幾何大約百一二方平悉收其餘以賦貧民自是無訟

李密學承之調安州司理明州司法參軍郡守任情縱法人莫敢辨承之獨毅然不從守怒曰郡掾敢如是耶承之曰事在公自

斷可也。若下有司。當循三尺法。守憚其言。

高通議賦。衢民好巫鬼。毛氏柴氏二十餘家。世畜蠱毒。與人忿爭。輒毒之。賦守衢。命捕繫治伏辜者數人。毒蠱遂絕。其守唐也。土曠民寡。稅入至薄。賦至郡。取圖籍考之。自唐乾元時。領縣七。戶四萬二千六百四十有四。歷五代之亂。及 本朝承平久。纔領縣四。戶六千一百五十有五。乃相其川原。曰。是皆沃壤可闢而人力不至。與棄之無異。募兩河流移之民。計口與田。比賦罷歸。增戶萬一千三百八十。給田三萬一千三百二十八頃。而山林榛莽之地。皆爲良田。歲益稅二萬二千二百五十七。作陂堰四十有四。

謝安撫麟。移虔州會昌令。民有酒酣。夜與仇鬬。既而爲所親殺之。其家因誣仇。麟知死者無子。所親利其財。訊鞫輒服。邑人皆稱神明爲江陵府石首令。縣多水患。隄成屢圮。麟教民疊石以禦之。至今獲其利。號謝公隄。

韓殿撰宗師知河中府。爲政務正身率下。常鄙俗吏苛察近名。遇僚屬有恩。人爲之竭力。邊警有所調發。視緩急爲之期會。民不勞而事集。

杜修撰紘少強於學問。中進士第。調深州司法參軍。移洺州永年縣令。歲饑。民將徙界。印券使貸於兼并家。約歲豐償之。於是民咸得食。無徙者。會明年稔。民德之。皆先期而償。已上出哲宗朝名臣傳

皇朝仕學規範卷第十六

皇朝仕學規範卷第十七

涖官

馬待制默除知登州沙門島寨主李慶罷官入謁。默遽問擅殺幾何人。慶對一任殺七百餘人。默詰之。則曰島上地狹徒隸猥衆。過數官糧不足以贍。則取殺之。默大責數慶。惶恐去。即日自縊死。默為奏請更定配海島法凡二十條。自是多全活者。

范開府純仁知襄邑縣。縣有牧地。衛士倚以暴民田。純仁取一人杖之。牧地初不隸縣。有詔劾純仁。純仁言養兵當先䘏農。朝廷是之。釋不問。且聽牧地隸縣。自純仁始。

蘇司空頌。前秀州軍事判官李定除太子中允監察御史裏行。宋敏求為知制誥。封還詞頭。翌日辭職。罷詞頭復下。頌當制。奏定不由銓考擢授朝列。不緣御史薦寘憲臺。雖朝廷急於用才。度越常格，然隳紊法制。所益者小，所損者大，未敢具草。神宗召對面諭之，不從，退而抗章不已，遂落知制誥歸班，而定命亦寢。

蘇文忠公軾徙知徐州，是歲河決澶淵，東泛鉅野，北溢于濟，南溢于泗，浸淫至城下。民爭出避水，軾履屨杖策，躬率兵夫築長堤，起戲馬臺屬於城。水至堤下，不能爲害。雨日夜不止，河勢益暴，城不沒者三板。軾廬於城上，使官吏分堵而守，卒全城。

吳觀使師禮知揚州天長縣，嘗言近民無若爲邑，政貴德化，刑以輔之，條目易循，期會有信，使民不憚吏，吏不玩法，古人之治其幾矣。用是爲治，邑人便之。

張殿撰舜民少慷慨，善論事。在諫垣七日，所上六十餘章，言皆剴切。

何郡王執中。知秀州海鹽縣。建鄉校。擇子弟入學。親爲講說。又作
堤以捍海。置閘以瀦水。邑人賴之。
任提宮伯雨。知開封府雍丘縣。縣枕汴流。漕運上下。盜竊擾人無
虛夕。未有獲者。伯雨知其故。迺下令。綱運不得宿境內。不從者
斷其纜。趣京師者督護以出境。自是外戶不閉。
蔣待制靜。調湖州長興尉。獲盜數十人。悉貸遣之。謂曰。吾不利汝
以希賞。汝亦無得爲盜。盜感泣。後皆爲良民。移饒州安仁令。江
南俗信巫。病不餌藥。靜力禁之。遂革其俗。
何待制述。知太平州當塗縣。瀕江歲有水患。述築隄姑溪之上。民
用按堵。邑有廣濟圩。爲田千餘頃。夏潦隄將決。述度地形。別爲
長隄。橫亘于中。外隄潰。賴之得其半。自是地圩多法焉。知宣州
寧國縣。鄰邑富民有田訟。更二十獄。不決。漕司委直之。述折衷

于頃刻間。
任龍圖諒除京畿路提點刑獄移京東西路梁山濼衆流所匯漁其中者舊無名籍肆爲姦偷不可搜剔諒伍其家刻其舟非有籍不得輒入屬縣地犬牙其間者鑱石爲表盜發不得抵讕違地界故徼捕尤力盜不得起郡邑屢以獄空告。
种忠憲公師道以熙州推官權同谷縣縣有猾吏訟田彌二年不決師道閲其牘窮日力不可竟然所訟止於母及兄而已引吏前詰之曰母兄法當訟也耶汝再期擾鄉里足矣吏服罪闔境讙舞盡其象祠之。
劉通奉齡調豐城尉歲饑多盜旁邑率以捕殺希賞齡曰此饑民救死耳率豪右出穀賑卹之存活者甚衆盜亦戢。
唐觀文恪調郴縣尉縣有民被殺其鄰以疑見執不勝於桎梏自

誣服而尸不獲。恪爭之。令曰。尸終不獲。將爲君累。柰何。恪曰。某爲尉而縣人被殺。敢便文自營。復使無辜償死乎。乃躬出訪求。至露宿野次。夜若有告者。旦以物色求之。果得尸。已乃獲眞盜。一邑敬服。移零陵令。獄無重繫者。幾二年。改宣德郎。知太原府榆次縣。有村豪怙力。暴服一方。推埋爲姦。至累歲不輸賦。吏不敢詰。恪以善道告曉之。其人感悟。拜且泣曰。始愚不知。坐迷至此。願自新。死不敢易。即日盡輸積逋。痛折節爲善。悉遣子弟就學。其後輸賦役居一縣先。又推所有以濟貧餓。遂爲鄉里長者。

已上出欽宗朝名臣傳

王安簡公舉正。在經筵二年。每進讀及前代治亂之際。必再三孰復以盡諷諭之意。

陳恕爲三司使。上命具中外錢穀大數以聞。恕諾而不進。

上屢趣之。怒終不進。 上命執政詰之。怒曰。 天子富於
春秋。若知府庫之充羨。恐生侈心。是以不敢進。 上聞而善之。
趙清獻公抃。爲殿中侍御史。彈劾不避權倖。京師號曰鐵面御史。
王懿敏公素。大丞相旦之子。自筮仕。所至稱爲能吏。既升憲臺。風
力愈勁。嘗與同列奏事。 上前。事有不合。衆皆引去。公力論
列是非。俟得旨乃退。 帝曰。眞御史也。議者目公爲獨擊鶻。
承議郎程顥權監察御史裏行。 神宗素知先生名。召對之日。
從容咨訪。比二三見。遂期以大用。每將退。必曰。頻求對來。欲常
相見耳。一日論議甚久。日官報午正。先生遽求退。庭中中人相
謂曰。御史不知 上未食邪。前後進說甚多。大要以正心窒
欲求賢育材爲先。先生不飾辭辯。獨以誠意感動 人主。
寇準以員外郎奏事。直言觸犯。 太宗怒而起。準遽以手引裾

袍請。　上復御坐。親決其事。　上嘉納之。　太宗曰。朕
得寇準。如唐太宗得魏鄭公。
承議郎程顥。被薦爲御史。　神宗召對。問所以爲御史。對曰。使
臣拾遺補闕。裨贊朝廷則可。使臣掇拾臣下短長。以沽直名。則
不能。　神宗嘆賞。以爲得御史體。
歐陽文忠公脩。歷典大郡。以靜鎮爲本。明不及察。寬不至縱。吏民
受賜。既去。追思不已。滁楊二州。皆立生祠。
中書舍人曾鞏。歷知齊襄洪福明亳州。爲州務去民疾苦。急姦強
盜賊。而寬貧弱。曰。爲人害者不去。則吾民不寧。
天章閣待制許元。爲發運使。先是江淮歲漕京師者。常六百萬石。
其後十餘歲。歲益不充。至公爲之。歲必六百萬石。而常餘百萬
以備非常。方去職。有勸公進爲羨餘者。公曰。吾豈聚斂者哉。敢

以此希寵。
中大夫魯有開知確山縣。獨破一大姓能撼邑事者。縣遂無事。乃興廢陂溉民田數千頃。飛蝗不入境。富弼守蔡薦有開有古循吏風。
劉主客立之守官不爲勢牽。不爲利奪。爲青溪主簿。時知州事李偕通判朱正辭喜負其能以折辱下士。士皆承望奔走不暇。獨君數以事爭。而二人者常輒屈。其始皆怒。後卒嘆服共薦之。
祠部郎中强至當朝廷繕脩政事。士大夫爭出頭角言利害得失。其敝多文具亡實。公獨怡然自處謹守繩墨。一脩職事。自是足以副朝廷核實之意矣。
端明殿學士蘇軾知定州。定久不治。軍政尤弛。武衛卒驕墮不教。軍校蠶食其廩賜。故不敢何問。公取其貪汙甚者。配隸遠惡。然、後繕修營房。禁止飲博。軍中衣食稍足。乃部勒以戰法。衆皆畏服。然諸校多不自安者。有卒史復以贓訴其長。公曰。此事吾自治則可。汝若告。軍中亂矣。亦決配之。衆乃定。會春大閱。軍禮久廢。將吏不識上下之分。公命舉舊典。元帥常服坐帳中。將吏戎服。奔走執事。副總管王光祖自謂老將。恥之。稱疾不出。公召書吏作奏。將上。光祖震恐而出。訖事無敢慢者。定人言。自韓魏公不見此禮至今矣。

趙清獻公抃爲武安軍節度推官。民有僞造印者。吏皆以爲當死。公獨曰。造在赦前。用在赦後。赦前不用。赦後不造。遂以疑讞之。卒免死。一府皆服。已上出皇朝名臣四科事實

皇朝仕學規範卷第十七

皇朝仕學規範卷第十八

涖官

薛簡肅公奎爲隰州軍事推官。民嘗聚博僧舍者。一日盜殺寺奴取財去。而博者四人至。啓戶見血汙衣。遽驚走。邏者因捕送州。考訊引伏。奎獨疑之。使緩其獄。後數日果得殺人者。

范忠宣公純仁知慶州。諸院罪人皆滿。公詰其所以。坐屠販盜竊而督賞者三分之二。公曰。此何不責保在外。使之輸納耶。通判州事起白公曰。非不知此。第以此輩兇暴不可釋。釋之不旋踵復系官司矣。公曰。終當如何。曰。往往以其瘐斃於獄中。是亦與民除害耳。公蹙然曰。法不當死。而在位者以情殺之。豈理也耶。遂盡呼出立于庭下。戒飭之曰。爾輩爲惡不悛。在位者不欲釋汝。懼爲良民害。復系官司也。汝等自能悔過自新。我欲釋汝。皆

叩頭曰敢不佩服教令遂釋之歡呼而出轉相告語公之仁恩
浹於一境之內矣是歲犯法者減舊歲之半

通議大夫王端知襄邑縣有鬻牛犢於市者或執以爲盜詰之不
服端命各取犢毋雜寘庭下犢走從之盜遂服

王罕知潭州州素號多事知州者多以威嚴取辦罕獨以仁恕爲
之州事亦治有老嫗病狂數赴知州訴事言無倫理知州却之
則悖罵先後知州以其狂但命徼者屏逐之罕至嫗又出言雖
雜亂無次時有可曉者乃本爲人嫡妻無子其妾有子夫死爲
妾所逐家資妾盡據之屢訴於官不得直因憤恚發狂罕爲直
其事盡以家資還之吏服其能察冤

張文定公齊賢 眞宗時爲相戚里有分財不均者更相訴訟
又因入宮自理於 上前更十餘斷不服齊賢曰是非臺吏

所能決也。臣請自治之。齊賢坐相府。召訟者曰。汝非以彼分財多。汝所分財少乎。皆曰然。即命各狀結實。乃召兩吏。趨徙其家。令甲家入乙家。乙家入甲家。貨財皆按堵如故。分書則交易之。訟者乃止。明日奏狀。上大悅曰。固知非卿莫能定者。已上出皇朝名臣四科事實

天章閣待制許元知潤州丹陽縣。縣有練湖。決水一寸。爲漕渠一尺。故法盜決湖者。罪比殺人。會歲大旱。公請借湖水溉民田。不待報。決之。州守遣吏按問。公曰。便民。罪令可也。竟不能詰。由是溉民田萬餘頃。歲乃大豐。

端明殿學士蘇軾知杭州。歲適大旱。饑疫並作。公請于朝。免本路上供米三分之一。故米不翔貴。復賜僧度牒三百。易米以救饑者。明年方春。即減價糶常平米。民遂免大旱之苦。又作饘粥藥

劑遣吏挾醫分坊治病活者甚衆公曰杭水陸之會因疫病死比他處常多乃裒羡緡得二千復發私橐得黃金五十兩以作病坊稍畜錢糧以待之至于今不廢是秋復大雨太湖泛溢害稼公度來歲必饑復請於朝乞免上供米半又多乞度牒以糴常平米并義倉所有皆以備來歲出糶朝廷多從之由是吳越之民復免流散。

蘇耆爲陝西轉運景祐中洛陽大旱穀貴百姓饑殍甚衆京西轉運司亦無可以爲賑洛陽守移書耆求粟二十萬斛遂移文陝府如數與之仍奏於朝時同職爲耆曰陝西沿邊之地屯軍甚多若有餘止可移之以實邊鄙奈何移之別路耆曰天灾流行春秋有卹鄰之義生民皆繫於君無內外之別奈何知其垂亡而不以奇贏賑卹耶曰苟有饋運者當自謀必不以此相累朝

廷甚嘉之。

文潞公彥博在成都。米價騰貴。因就諸城門相近寺院。凡十八處減價糶賣。仍不限其數。張牓通衢。翌日米價遂減。前此多減勝斛以糶。或抑市井價直。適足以增其氣焰。而終不能平其價。大抵臨事。當須有術也如此。

趙清獻公抃熙寧中以大資政知越州。時兩浙旱蝗。米價踴貴。餓死者十五六。諸州皆牓衢路。立賞禁人增米價。抃獨牓衢路。令有米者任增價糶之。於是諸州米商輻湊詣越。米價更賤。民無餓死者。

中書舍人曾鞏通判越州。歲饑。度常平不足仰以賑給。而田居野處之人不能皆至城郭。至者群聚。有疾癘之虞。前期諭屬縣召富人使自實粟數。摠得十五萬。視常平價稍增。以予民。民得從便受粟。不出田里而食有餘。粟價為平。

富文忠弼。知青州。河朔大水。饑民流京東。擇所部豐稔者三州。勸民出粟。得十萬斛。益以官廩。隨所在貯之。得公私廬舍十餘萬區。散處其人以便薪水。官吏自前資待闕寄居者。皆給其祿。使即民所聚選老弱病瘠者廩之。山林河泊之利。有可取以為生者。聽流民取之。其主不得禁。官吏皆書其勞。約為奏請。使他日得以次受賞於朝。率五日輒遣人以酒肉糗飯勞之。出於至誠。人人為盡力。流民死者為大冢葬之。謂之叢冢。自為文祭之。明年。麥大熟。流民各以遠近受糧而歸。凡活五十餘萬人。募人而為兵者又萬餘人。 上聞之。遣使勞公。即拜禮部侍郎。公曰。救災守臣職也。辭不受。前此救災者。皆聚民城郭中。大為粥食之。饑民聚而為疾疫。及相蹈藉死。或待次數日不食。得粥皆僵仆。

◎

名爲救之。而實殺之。自公立法簡便周至。天下傳以爲法。至于今不知所活幾千萬人矣。

范忠宣公純仁知慶州。餓殍滿路。官無穀以賑恤。公欲發常平封樁粟麥賑之。州郡官皆不欲。曰。常平擅支獲罪不赦。公曰。環慶一路生靈付某。豈可坐視其死而不救。衆皆曰。何不奏請于上。得旨而後散。公曰。人七日不食即死。何可待報。朝廷雖有恤民之意。亦無及矣。諸公但勿預。吾寧獨坐罪。

李諫議紳權知貝州。會歲旱。百姓失業。紳大市酒務所用薪芻。貧者得以樵採自給。而官有餘積。

治平間。河北凶荒。繼以地震。民無粒食。往往賤賣耕牛以苟歲月。是時劉渙知澶州。盡發公帑之錢以買牛。明年。震搖息。逋民歸。無牛可以耕鑿。而其價騰踊十倍。渙復以所買牛依元直賣與。

是故河北一路。唯澶州民不失所由渙權宜之術也。

張文定公方平。爲三司使。前三司使王拱辰請搉河北鹽。旣立法矣。而未下。公見　上。問曰。河北再搉鹽。何也。　仁宗驚曰。始立法。非再也。公曰。周世宗搉河北鹽。犯輒處死。世宗北伐。父老遮道泣訴。願以鹽課均之二稅。而弛其禁。世宗許之。今兩稅鹽錢是也。豈非再搉乎。且今未搉也。而契丹常盜販不已。若搉之則鹽貴。虜鹽益售。是爲我斂怨而虜獲利乎。虜鹽益多。非用兵莫能禁也。邊隙一開。所獲鹽利。能補用兵之費乎。　仁宗大悟曰。卿語宰相立罷之。公曰。法雖未下。民已戶知之。當直以手詔罷。不可自有司出也。　仁宗大喜。命公密撰手詔下之。河朔父老相率拜迎於澶州。爲佛老會者七日。以報　上恩。且刻詔書北京。至今父老過其下。必稽首流涕。

唐質肅公介。爲三司使。有司議增官屋僦錢。公引唐稅間架事罷之。

龍圖閣直學士李紘知歙縣。初縣產金以代賦。後金盡而輸賦如初。紘因奏罷之。

包孝肅公拯。爲三司戶部副使。奏罷秦隴所科谷務材木數十萬。及罷七州所賦河橋竹索十萬。民皆便之。

劉主客立之。守鄂州。官歲市茶五百萬斤。君爲轉運使。時三司請益市一百萬。君上言曰。鄂人利茶以爲生。今官市之多。反以茶爲病。縱不能減。奈何增之。　天子爲君許寬一年。君曰。事苟可行。何必一年。如其不可。雖寬十年。不可也。爭之不已。後卒爲君罷之。

馬忠肅公亮。爲西川轉運使。時施州鹽井歲久泉涸。而官督所負。

州繫捕各數百人亮盡釋繫者而廢其井凡除所負二百餘萬已上出皇朝名臣四科事實

皇朝仕學規範卷第十八

皇朝仕學規範卷第十九

涖官

端明殿學士蘇軾監官告院攝開封推官會上元有　旨市淛燈公密疏舊例無有不宜以玩好示人即有　旨罷

朱中散壽昌使湖南會有言邵州可置冶采金者有詔興作公至則言州近蠻金若大發蠻必出爭自此邊境多事矣即金不發徒廢民田數百頃非敦本抑末之道也詔亟罷之

歐陽文忠公脩知制誥使河外自西事後河東賦斂重而民貧道路嗟怨公奏罷數十事以寬民力

陝西轉運司言民間以官糟造醋頗有遺利乃置務於永興秦坊等州宰相王曾曰榷醋之法蓋出於前代之不得已今以經費之廣未能省出若復官自造醋尤以侵民　上曰此豈可施

行耶。其亟罷之。

陳文惠公堯佐為河東轉運使。河東地寒而民貧。奏除石炭稅。減官冶鐵課歲數十萬以便民。曰。轉運征利之官。世利有本末。下有餘則上足。吾豈為俗吏哉。

資政殿學士曾孝寬知開封府。咸平縣。歲饑。宿麥病于冬雨。民訴于府。府以妄。杖之。孝寬為詣田取病麥辨之。得蠲其租。

侍郎陳希亮掌三司戶部管院。榮州煑鹽凡十八井。歲久澹竭。而有司責課如初。民破產籍沒者三百一十五家。公為言還其所籍。歲蠲三十餘萬斤。

呂諫議公綽知鄭州。嘗行春坐隴上。詢民間疾苦。或言近歲籍牛為產。民懼役重。弗畜。故田疇多荒。乃嘆曰。先朝不征農器。正為此爾。遽表除之。

許元初爲發運判官。每患官舟多虛破釘鞠之數。蓋陷於木中。不
可稱盤。故得以爲姦。一日元至船場。命拽新造之舟縱火焚之
火過。取其釘鞠秤之。比所破財十分之一。自是立爲定額。
京師置雜買務。買內所須之物。而內東門復有字號。徑下諸行市
物以供禁中。凡行鋪供物之後。往往經歲不給其直。至於積錢
至千萬者。或云其直尋給。幹當內門內臣故爲稽滯。京師甚苦
之。蔡襄尹京。詢知其弊。建言乞取內東門買物。遇逐月宮中請
俸錢時。許雜買務具供過物價。徑牒內藏庫截支以給行人。
仁宗大以爲然。其事至今行。
寇萊公準。知歸州巴東大名府城安縣。其治一以恩信。每期會賦
役。未嘗出符移。惟具鄉里姓名揭縣門。而百姓爭赴之。無稽違
者。

种世衡知武功縣。有所呼追。不使執帖入鄉村。但以片紙牓縣門。云追某人。期某日詣縣廷。其親識見之。驚懼走告。皆如期而到。

胡順之爲浮梁縣令。民臧有金者。素豪横。不肯出租。畜犬數十頭。里正近其門。輒噬之。繞垣密植橘柚。人不可入。每歲里正常代之輸租。前縣令不肯禁。順之至官。里正白其事。順之怒曰。汝輩嫉其富。欲使之與爲仇耳。安有王民。不肯輸租者邪。第往督之。及期。里正白不能督。順之使手力繼之。又曰不能。又使押司録事繼之。又白不能。順之悵然曰。然則此租必使令自督邪。乃命里正聚藁。自抵其居。以藁塞門而焚之。臧氏人皆逬逸。順之悉令掩捕。驅至縣。男子年十六巳上。盡痡杖之。乃召謂曰。胡順之無道。既焚爾宅。又杖爾父子兄弟。可速詣府自訟矣。臧氏皆慴服。無敢詣府者。自是臧氏租常爲一縣先。

知制誥韓琮嘗爲契丹館伴使虜人欲爲書稱北朝而去契丹號
綜謂曰自古未有建國而無號者虜使慙不復言

中書舍人曾鞏知齊州是時州縣未屬民爲保伍公獨行之部中
使幾察居人行旅出入經宿皆籍記有盜則鳴鼓相援又設方
略明賞典急追捕且開人言故盜發輒得

王武恭德用初爲邢洺磁相巡檢劇賊張洪霸聚黨剽掠吏不能
捕者數年德用至伺賊所在令鋭士裹甲載氊車爲婦人服盛
飾以誘之過邯鄲果來襲鋭士奮起盡擒之

國朝言水利者惟乾州刺史張綸爲有積效天禧末爲江淮發運
副使疏五渠導太湖入于海復歲租米六十萬斛開長蘆西河
以除覆舟之患又築高郵北漕河長堤二百里旁錮爲距分十
閘以泄橫流泰州有捍海堰久廢不治與范希文經畫修復之

遂命兼知泰州。堰城租户二千六百。州人爲立生祠。

范文正公仲淹知蘇州。地瀕震澤。田多水潦。仲淹募游手。日給糧七外。而三分以二賙其家。親程工役。卒疏五河。道積水入海。

司封員外郎許遜知興元府。大修山河堰。堰水舊溉民田四萬餘頃。世傳蕭何所爲。君行壞堰。顧其屬曰。鄭侯方佐漢取天下。乃暇爲此以溉其農。古之聖賢有以利人。無不爲也。今吾豈宜憚一時之勞。而廢古人萬世之利。乃躬率工徒治木石。石墜傷其左足。君亦不懈。堰成。歲穀大豐。

通泰海州皆濵海。舊日潮水皆至城下。土田斥鹵。不可稼穡。范文正公仲淹監西溪倉。建白於朝。請築捍海堤於三州之境。長數百里以衛民田。朝廷從之。以文正爲興化令。專掌役事。又以發運使張綸兼知泰州。發通泰楚海四州民夫治之。堤成。民至于今亭其利與化之民以范爲姓。

王冀公欽若爲亳州判官監會亭倉天乆雨倉司以穀濕不爲受納民自遠方來輸租者食穀且盡不能得輸欽若悉命輸之奏請不拘年次先支濕穀不至朽敗。太宗大喜手詔荅許之。因識其名秩滿見擢爲朝官。

陳晉公爲三司使將立茶法召茶商數十人俾各條利害晉公閱至第三等語副使宋太初曰吾觀上等之說取利太深此可行於商賈而不可行於朝廷下等固滅裂無取唯中等之說公私皆濟吾裁損之可以經久於是爲三說法行之數年貨財流通公用足而民富實世言三司使之才以陳公爲稱首後李侍郎諮爲使改其法而茶利浸失後雖屢變然非復晉公之舊法也

王明字如晦魏郡成安人王師征嶺南爲隨軍轉運使山路險絕

仰給者數萬人。雖丁夫負擔。無有闕者。每下一郡一城。必先保其簿書。固守倉庫。

張杲卿丞相知潤州日。有婦人夫出外數日不歸。忽有人報菜園井中有死人。婦人驚。往視之。號哭曰。吾夫也。遂以聞官。公令屬官集隣里。就井驗是其夫與非。衆皆以井深不可辨。請出屍驗之。公曰。衆皆不能辨。婦人獨何以知其爲夫。收付所司鞫問。果姦人殺其夫。婦人與聞其謀。

右范延貴者。爲殿直。押兵過金陵。張忠定公詠爲守。因問曰。天使沿路來。還曾見好官員否。延貴曰。昨過袁州萍鄉縣。邑宰張希顏著作者。雖不識之。知其好官員也。忠定曰。何以言之。延貴曰。自入萍鄉縣境。驛傳橋道皆整葺。田萊墾闢。野無惰農。及至邑則鄽肆無賭博。市易不敢諠爭。夜宿邸中。聞更鼓分明。以是知其必善政也。忠定大笑曰：希顔固善矣，天使亦好官負也。即曰同薦於朝。希顔後爲發運使，延貴亦閤門祗候，皆号能吏。

戚密學倫初筮仕，知太和縣。里俗險悍，喜撰虛訟。公至，以術漸磨。先設巨械，嚴固狴牢，其箠梃組索比他邑數倍，民悚駭。次作諭民詩五十絶，不事風雅，皆風俗易曉之語，俾之諷誦，以中規警。立限曰：諷誦半年，頑心不悛，一以苛法治之。果因此詐獄訟大減。其詩有云：文契多欺歲月深，便將疆界漸相侵。官中驗出虛兼實，枷鏁鞭笞痛不禁。大率類此。江南往往有本無，當歲時與囚約曰：放汝暫歸祀其先，櫛沐蟣虱。民感其惠，皆及期而還，無敢逭者。已上出皇朝名臣四科事實

皇朝仕學規範卷第十九

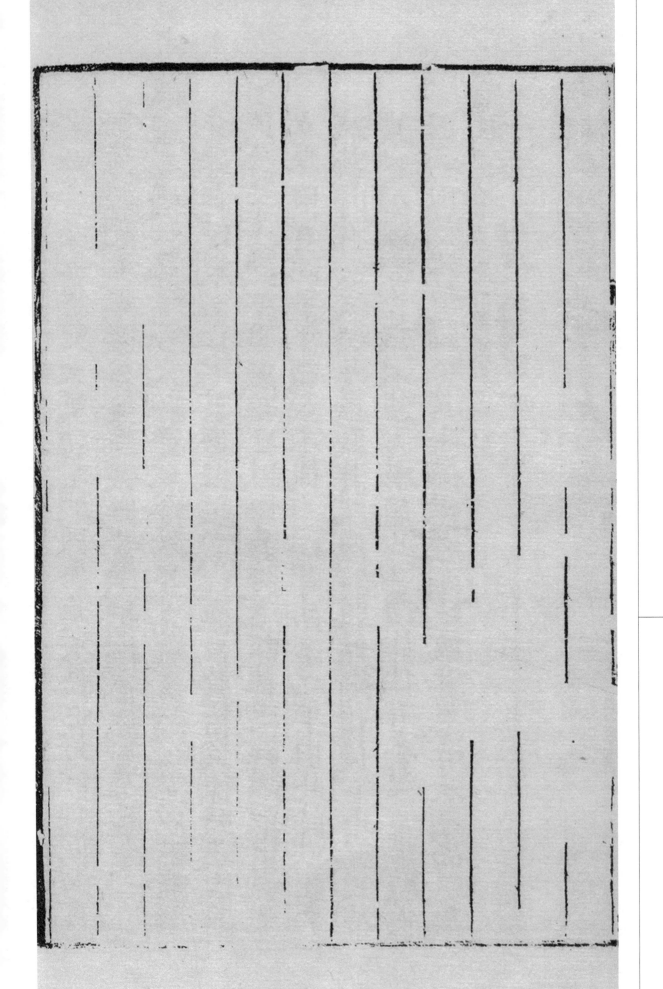

涖官

仕學規範

卷二十至廿三

皇朝仕學規範卷第二十

涖官

許仲宣青社人。三爲隨軍轉運使。心計精敏。無絲髮遺曠。征江南軍中之須。當不備之際。曹武惠公固欲試之。凡所索則隨應。王師將夜攻城。仲宣陰計之曰。永夕運鍤。寧不食耶。既膳無器。可乎。預科陶器數十萬。夜半爨成。食兵將就食。果索其器。如數給之。他率類此。征交州。爲廣西漕。士死於瘴者十七八。大將孫全興失律。仲宣奏乞罷兵。不待報。以兵屯湖南諸州。開帑賞給。縱其醫餌。謂人曰。吾奪瘴嶺客魂數萬生還中國。已恨後時。若更俟報。將積屍於廣野矣。誅一族。活萬夫。吾何恨哉。又飛檄諭交人以禍福。交人果送款乞內附。遣使脩貢。仲宣上表待罪。

太宗褒詔。大嘉之。

夏秋沿納之物。如鹽麴錢之類。名件頗碎。慶曆中有言。建議併合歸一名。以省帙鈔。程文簡爲三司使。獨以謂仍舊爲便。若没其舊名。異日不知。或再敷鹽麴。則致重複。此亦善慮事也。

范文正公鎮青社。會河朔艱食。青之輿賦。博州置場納。青民大患輦置之苦。而河朔斛價不甚翔踴。公止戒民本州納價。每㪷三鍰。給鈔與之。俾簽幙者輓金往幹。白博守席君夷亮。余嘗薦論又足下之婦翁也。携書就彼坐倉。以倍價招之。事必可集。齎巨牓數十道。介其境則張之。設郡中不肯假廩。寄僧舍可也。僉稟教行焉。至則皆如公料。村斛時爲厚價所誘。貿者山積。不五日遂足。而博斛亦行。斛金尚餘數千緡。按等差給還青民。因立像祠焉。

王文康治蜀。頗以法御下。有謗其太苛。會劉燁召還。爲右正言。

眞宗召問淩策王某治蜀孰優。曰。淩策在蜀。值歲豐。故得以平易治之。王某值歲小歉。慮民爲盜。故以法治之。使之易治則皆然。　眞宗善其言。

王晦叔遷諫議大夫知益州。賊盜贓無輕重。一切戮之。蜀中股慄。不數月。賊寇屏竄。列郡皆外戶不閉。先是張詠守蜀。季春糶廩米。其價比時估三之一。以濟貧民。凡十戶爲一保。一家犯罪。一保皆坐。不得糴。民以此少敢犯法。至是獻議者改詠之法。窮民無所濟。復爲寇。晦叔奏復之。蜀人大喜。爲之謡曰。蜀守之良。先張後王。惠我赤子。俾無流亡。何以報之。俾壽而康。

程琳知益州。治大體。略細務。嚴肅簡重。蜀民畏而愛之。蜀州有不逞者。聚惡少百餘人。作灌口二郎神隊。私立官号。作士卒衣裝。鐃鼓簫吹。曰推牛爲會。民有駿馬者。遂遣人取之。曰神欲此馬。

民拒之其馬遂死又率良民從其群有不願往者尋得疾病蓋亦有妖術爾有白其事琳皆捕而戮之曰李順由此而起今鋤其根本且使蜀中數十年無恙

田況移守成都其在蜀治尚和易法去苛細奬進儒素禁戢姦慝以德化人人不忍欺時謂張乖崖之明王文康之平程文簡之肅韓忠獻之愛公皆兼而有之入爲三司使金穀利害纖悉罔不備舉時有副使不甚曉事京師号爲皮燈毬以況處事通明号爲照天蠟燭議者謂三司使自陳恕李士衡之後惟況爲稱職也

李南公知長沙縣有鬬者甲强乙弱各有青赤南公召使前自以指捏之曰乙眞甲僞也詰之果服蓋南方有櫸柳以葉塗膚則青赤如毆傷者剥其皮横置膚上以火熨之則如棓傷者水洗

不落南公曰毆傷者血聚肉硬僞者不然故知之有一村多豪户税不可督所差户長輒逃去南公曰然則此村無用户長知縣自督之書其村名帖於柱豪右皆懼是歲初限未滿此村税最先集又諸村多詭名税存户亡每歲户長代納亦不可差南公悉召其村豪右謂之曰此田不過汝曹所典買耳與汝期一月爲我推究不則汝曹均分趣輸之及期盡得冒佃之人使各承其税河北提點刑獄有班行犯罪下獄按之不服閉口不食百餘日獄吏不敢考訊甚患之南公曰吾立能使之食引出問曰吾欲以一物塞君鼻君能終不食乎其人懼即食且服罪人問其故南公曰彼必善服氣者以物塞鼻則氣結故懼

李南公寢室中張燈炷香通夕宴坐郡樓上鼓畨漏水歷歷分明儻一刻差誤公必詰之守籖者指名伏辜謂公爲神明公曰鼓

角爲中軍號令。號令在前尚不分明。其餘外事將如何也。

丹陽顧方。篤行君子也。皇祐末登進士第。再調明州象山令。視事之日。召邑中父老。詢究民間利害。及境内士民之善惡。善者召而勸之使勿怠。惡者諭而戒之使自修。又爲建學舍。率其子弟之秀者教之。暇日親爲講解誘掖。使進於善。逾年。民大化服。俄而方病。邑民相率出錢詣塔廟祈禱者千人。爲刲股者十三人。方竟不起。百里之内。號泣思慕如失父母。相與立祠以歲時祀方。余觀近世爲縣者。類以簿書期會爲急務。鮮有能及教化者。而方獨以仁義禮教治其民。使民之愛慕如此。丹陽錢君奇。毗陵胡全夫皆爲方記其事。刻石祠中。而士大夫以詩頌方之遺美者不可勝紀。

劉彝所至多善政。其知虔州也。會江西饑歉。民多棄子於道上。彝揭榜通衢。召人收養。日給廣惠倉米二升。每月一次抱至官中看視。又推行於縣鎮。細民利二升之給。皆爲字養。故一境生子無夭閼者。一日謁曾魯公公亮。魯公曰。久知都官治狀。屢欲進擢。然議論有所未合。姑少遲之。吾終不忘也。彝曰。士之淹速譴倅。亦皆有命。今姓名已蒙記録。而尚屈於不合之論。亦某之命也。魯公歎曰。比來士大夫見執政。未始不有求。求而不得。即多歸怨。而君乃引命自安。吾待罪政府行十年。未見如君之言者。

祥符中有劉併者。久困銓調。爲陝州司法參軍。廉謹至貧。及罷官。無以爲歸計。賣所乘馬。辦裝跨驢以歸。魏野以詩贈行曰。誰似甘棠劉法掾。來時騎馬去騎驢。未幾。 眞宗祀汾陰。過陝。召野赴行在。野避不奉詔。 上遣中使就野家索其所著。得贈併詩。 上嘆賞久之。語宰臣曰。小官有廉貧如此者。使召之。

偁方爲江南幕吏。至以爲京官。知青州博陵縣。後每有差除。
上曰。得如劉偁者可矣。未數年。亟遷主客郎中。三司户部判官。
眞宗之奬拔廉吏如此。然由野一詩發之也。已上出皇朝名臣四科事實

李相簡穆公沆嘗被同年馬亮責之曰。外議以兄爲无口匏。公笑曰。吾居政府。然无長才。但外所陳利害。一切報罷。聊以此報國爾。今 國家防制纖悉。密若凝脂。苟畢徇所陳。一一行之。則所傷實多。陸象先曰。庸人擾之。正所謂也。憸人苟一時之進。豈念於民耶。

王文正公曾。爲人方正持重。在中書最爲賢相。嘗謂大臣執政。不當收恩避怨。公嘗語尹師魯曰。恩欲歸己。怨使誰當。聞者歎服以爲名言。

薛簡肅公奎天禧初。爲江淮發運使。辭王文正公。王无他語。但云東

南民力竭矣。辟退而謂人曰。真宰相之言也。

慶曆初。仁宗服藥。久不視朝。一日聖體康復。思見執政。坐便殿。促召二府。宰相呂許公聞命。移刻方赴召。比至。中使數輩促公。同列亦贊公速行。公愈緩步。既見。上曰。久疾方平。喜與卿等相見。而遲遲之來。何也。公曰。陛下不豫。中外頗憂。一旦聞急召近臣。臣等若奔馳以進。慮人心驚動耳。上以爲深得輔臣之體。

文彥博知永興軍。起居舍人毋湜。鄠人也。至和中。湜上言陝西鐵錢不便於民。乞一切廢之。朝廷雖不從。其鄉人多知之。市以鐵錢買物者。不肯受。長安爲之亂。民多閉肆。僚屬請禁之。彥博曰。如此是愈使惑擾也。召絲絹行人。出其家縑帛數百疋。使賣之。曰。納其直。盡以鐵錢。勿以銅錢也。於是衆曉然知鐵錢不廢。市肆復安。

淳化中。張鄧公爲射洪令。會歲旱。禱于白崖山陸史君祠。遂雨。立廷下若聽命。然須雨足。乃退。蜀人刻石記其事祠中。眞皇時。爲廣東轉運。會詔天下置天慶觀。公因請即舊觀爲之。以紓天下土木之勞。

曹侍中彬。爲人仁愛多恕。平數國。未嘗妄斬人。嘗知徐州。有吏犯罪。既立案。逾年。然後杖之。人皆不曉其旨。彬曰。吾聞此人新娶婦。若杖之。彼其舅姑必以婦爲不利。而惡之。朝夕笞罵。使不能自存。吾故緩其事。而法亦不赦也。其用志如此。已上出皇朝類苑

皇朝仕學規範卷第二十

涖官

眞宗時。向文簡除右僕射。麻下。日。李昌武爲翰林學士。當對。上謂之曰。朕自即位以來。未嘗除僕射。今日以命敏中。此殊命也。敏中應甚喜。對曰。臣今日早候對。亦未知宣麻。不知敏中何如。上曰。敏中門下今日賀客必多。卿往觀之。明日却對來。勿言朕意也。昌武候丞相歸。乃往見。丞相方謝客。門闌悄然無一人。昌武與向親。徑入見之。徐賀曰。今日聞降麻。士大夫莫不懽慰。朝野相慶。公但唯唯。又曰。自上即位。未嘗除端揆。此非常之命。自非勳德隆重。倚注殊越。何以至此。公復唯唯。終不測其意。又歷陳前世爲僕射者勳勞德業之盛。禮命之重。公亦唯唯。卒無一言。既退。復使人至庖厨中。問今日有無親戚賓客

飲宴者。亦寂無一人。明日再對。　上問昨日見敏中之意何
如。乃具以所見對。　上笑曰。向敏中大耐官職。
向公性端厚明辨。遇事敏速。曉民政。識大體。判大理寺時。波入祖
吉贓錢。分賜法吏。公引鍾離意委珠事。獨不受。知廣州。至荊南
即市南藥以往。在官一無所須。以廉清聞。在密院時。西北用兵。
道路斥候走集之所。罔不周知。密靜遠權。累在衡軸。門無私謁。
諸子不令釐務。雖當大事。若已不預焉。審於采拔。不妄推薦。時
以重德目之。
張忠定公。前後治益。愛利之政。不可悉紀。舉其大者。則公嘗以蜀
地素狹。游手者衆。事寧之後。生齒日繁。稍遇水旱。則民必艱食。
時米斗直錢三十六。乃按諸邑田稅。如其價歲折米六萬斛。至
春籍城中細民。計口給券。俾輸元估糴之。奏爲永制。逮今七十

餘年。雖時有災饉。米甚貴而益民無饑色者。公之賜也。蜀風尚侈好遨樂。公從其俗。凡一歲之内。游觀之所與夫飲饌之品。皆著爲常法。後人謹而從之則治。違之則人情不安。輒以累罷去。

公凡有興作。先帖諸縣。於民籍中係工匠者。具帳申來。分爲四番。役十日滿則罷去。夏則卯入午歇。一時。冬。抵莫放。各給木札一幞以禦寒。工徒皆悦。有一瓦匠因雨乞假。公判云。天晴蓋瓦。雨下和泥。事雖至微。公俱知悉。

公知杭州事時。歲饑。民冒禁販鹽。捕獲者數百人。公悉寬其罰。官屬執言不可。公曰。錢塘十萬家饑殍如此。若鹽禁益嚴。則聚而爲盜。患益甚矣。俟秋成。敢爾。當痛以法繩之。境内卒以無擾。

趙韓王普爲滁州判官。太祖與語。奇之。會獲盜百餘人。將就死。普意其有寃。啓太祖更訊之。所全活十七八。

張齊賢爲江南轉運使。吉州浛江有蜀欄地錢。其地爲江水淪陷
或官占爲船場。而所輸錢如故。又李氏時。民於江中編浮筏以
居。量丈尺輸稅。名八場錢。齊賢悉奏免之
杜正獻公。夏人叛命。陝西困於科斂。吏緣侵漁。調發督迫。民至破
産不能足。往往自經投水以死。公在永興。語其人曰。吾不能免
汝。然可使汝不勞爾。乃爲之區處。計較量物有無貴賤道里遠
近。寛其期會。使以次輸送。由是物不踴貴。車牛芻秣宿食來往
如平時。而吏束手無所施。民比他州費省十六七。至於繕治城
郭器械。民皆不知。
吏部審官主天下吏員。而居職者類以不久遷去。故吏得爲奸。公
始視銓事。一日選者三人爭某闕。公以問吏。吏受丙賕。對曰。當
與甲。乙不能爭。遂授他闕。居數日。吏教丙訟甲負某事。不當得。

公悟。召乙問之。乙謝曰。業已得他闕。不願爭。公不得已與丙。丙笑曰。此非吏罪。乃吾未知銓法爾。因命諸曹各具格式科條以白。問曰。盡乎。曰盡矣。明日勑諸吏無得外堂。使坐聽行文書而已。由是吏不得與銓事。與奪一出於公。其在審官。有以賂求官者。吏謝不受曰。我公有賢名。不久見用去矣。姑少待之。

公嘗謂門生曰。今之在上者。多擿發下位小節。是誠不恕也。衍知兖州時。州縣官有累重而素貧者。以公租所得均給之。公租不給。即繼以公帑。量其小大。咸使自足。尚有復侵擾者。真貪吏也。於義可責。又曰。衍歷知州提轉安撫。未嘗壞一箇官員。其間不職者。即委以事。使之不暇惰。不謹者。諭以禍福。俾之自新。從而遷善者甚衆。不必繩以法也。其有文學政事殊行絶德者。雖不識面。未嘗不力薦於朝。有一善可稱。一長可録者。亦未嘗不薦所能而薦之。

公嘗謂門生曰。作官第一清畏無求人知。苟欲人知。同列不謹者。衆必譖已。爲上者又不加明察。適足取禍爾。但優游於其間。默而行之。無愧於心可也。

韓魏公言杜祁公。公心而樂與人善。既知其人。無復毫髮疑間。始琦爲樞密副使。論難一二事。祁公不樂。久之相亮。每事問曰。諫議看來未。諫議曾看。便將來押字。琦益爲之盡心。不敢忽。以此見祁公存心至公。不必以出於已爲是。賢於人遠矣。

范文正公爲參政。與韓富二樞並命。鋭意天下之事。患諸路監司不才。更用杜杞張昷之輩。公取班簿。視不才監司。每見一人姓名。一筆勾之。以次更易。富公素以丈事公。謂公曰。十二丈則是一筆。焉知一家哭矣。公曰。一家哭何如一路哭耶。遂悉罷之。

皇祐二年。吳中大饑。殍殣枕路。是時范文正公領浙西。發粟及募民存餉。爲術甚備。吳人喜競渡。好爲佛事。公乃縱民競渡。太守日出宴于湖上。自春至夏。居民空巷出遊。又召諸佛寺主首。諭之。饑歲工價至賤。可以大興土木之役。於是諸寺工作鼎興。又新敖倉吏舍。日役千夫。監司奏劾杭州不恤荒政。嬉遊不節。及公私興造。傷耗民力。公乃自條叙所以宴遊及興造。皆欲以發有餘之財。以惠貧者。貿易飲食。工技服力之人。仰食於公私者。日無慮數萬人。荒政之施。莫此爲大。是歲兩浙惟杭州晏然。民不流徙。皆公之惠也。歲饑。發司農之粟。募民興利。近歲遂著爲令。既已恤饑。因之以成就民利。此先王之美澤也。

公言。幕府辟客。須可爲已師者乃辟之。雖朋友亦不可辟。蓋爲我敬之爲師。則心懷尊奉。每事取法。於我有益耳。

參政王文忠公自朝廷理元昊罪軍興而用益廣前爲三司者皆厚賦暴斂甚者借内藏率富人出錢下至果菜皆加税而用益不足公始受命則曰今國與民皆弊矣在陛下任臣者如何由是 天子一聽公所爲公乃推見財利出入盈縮曰此本也彼末也計其緩急先後而去其蠹弊之有根究者斥其妄計小利之害大體者然後一爲條目使就法度罷副使判官不可用者十五人更薦用材且賢者朞年民不加賦而用足明年以其餘償内藏所借數百萬又明年其積於有司者數千萬而所在流庸稍復其業

包孝肅公知端州州歲貢硯前守緣貢率數十倍以遺權貴人公命製者纔足貢數歲滿不持一硯歸其知開封府爲人剛嚴不可干以私京師爲之語曰關節不到閻羅包老吏民畏服遠近

稱之爲長吏僚佐有所關白喜面折人然其所言若中於理亦沓然從之剛而不愎此人所難也

丞相陳文惠公知壽州遭歲大饑公自出米爲糜以食餓者吏民以公故皆爭出米其活數萬人公曰吾豈以是爲私惠邪蓋以令率人不若身先而使其從之樂也

河東地寒而民貧奏除石炭稅減官冶鐵課歲數十萬以便民曰轉運征利之官也利有本末下有餘則上足吾豈爲俗吏哉及尹開封府公以謂治煩之術任威以擊强盡察以防姦譬於激水而欲其澄也故公爲政一以誠信每歲正月夜放燈則悉籍惡少年禁錮之公召諭曰尹以惡人待汝汝安得爲善吾以善人待汝汝忍爲惡耶因盡縱之凡五夜無一人犯法者

尚書余襄公廣之番船裝船舊皆取稅公奏罷之以徠遠商又請

立法戒當任官吏不得市南藥。及公北歸。不載南海一物云。

侍讀孫公知晉州。近臣過晉。夜半叩城欲入。公曰。城有法。吾不得獨私。終不爲開門。

樞密胡文恭公通判宣州。有被誣以殺人者。獄成。議法將抵死。公疑之。呼囚以訊。囚懾箠楚。不敢言。公正衣冠坐堂上思之。俄而假寐。夢有人來告曰。吳姓也。公遽引囚辟左右復訊之。囚曰。旦將之田。縣吏執以赴官。不知其由也。公取獄辭窮治。乃被毆之婦與吳姓姦。姦者殺其夫。與婦謀執平人以告也。公之精誠格物蓋如此。

詳議官闞判院者當擇人薦於　上。公與同列得二人。此二人才智明法無上下。一人者監稅河北。以水災虧課。同列議曰。虧課小失。不足白　上以累才。公不可。至　上前悉白之。且曰此人小累才足惜。仁宗曰果得才小累何恤遂除詳議官同列退誚公曰詳議欲得人公固欲白之緣是不得奈何公曰彼得與不得一詳議官耳是固亦有命也宿以誠事主今白首矣不忍繇髮欺君以喪平生之節爲之開陳聽主
上自擇耳同列驚曰某從公久乃不知公所存如此。已上出皇朝名臣言行錄

皇朝仕學規範卷第二十一

皇朝仕學規範卷第二十二

涖官

御史呂景初吳中復馬遵坐論梁丞相罷臺職除他官公封還辭頭不草制其後屢有除授非當者必皆封還之而　上遇公益厚曰有子如此其母之賢可知命特賜冠帔以寵之

張堯佐者以進士擢第累官至屯田員外郎知開州會其姪女有寵於　仁宗爲脩媛堯佐遂驟遷一日中除宣徽節度景靈群牧四使御史唐介上疏引楊國忠爲戒不報又與諫官包拯吳奎等七人論列殿上又白御史中丞留百官班欲以庭爭卒奪堯佐宣徽景靈兩使特加介六品服以旌敢言未幾堯佐復除宣徽使知河陽唐謂同列曰是欲與宣徽而假河陽爲名耳我曹豈可中已耶同列依違不前唐遂獨爭之不能奪　仁

宗諭曰。除擬初出中書。介遂極言宰相文彥博知益州日。以燈籠錦媚貴妃而致任宰相。今又以宣徽使結堯佐。請逐彥博而相富弼。又言諫官吳奎觀望挾姦。語甚切直。仁宗怒。却其奏不視。且言將貶竄。介徐讀畢曰。臣忠義憤激。雖鼎鑊不避也。上急召二府。以疏示之。曰。介言他事乃可。至謂彥博因貴妃得執政。何言也。介面質彥博曰。彥博宜自省。即有之不可隱。彥博拜謝不已。樞密副使梁適叱介使下殿。介辯愈切。仁宗大怒。玉音甚厲。衆恐禍出不測。是時蔡襄脩起居注。立殿陛。即進曰。介誠狂直。然納諫容言。人主之美德。必望全貸。遂召當制舍人就殿廬草制。貶春州別駕。翊日。御史中丞王舉正救解之。上亦中悔。改爲英州別駕。復取其奏以入。又明日。罷彥博。黜吳奎。而遣中使護送介至貶所。且戒以必全之。無令道死。

參政趙清獻公通判泗州。泗守昏不事事。監司欲罷遣之。公獨左右其政。而晦其所以然。使若權不已出者。守得以善罷。

公得虔州。地遠而民好訟。人謂公不樂。公欣然過家上冢而去。既至。遇吏民簡易嚴而不苛。悉召諸縣令告之。爲令當自任事。勿以事諉郡。苟事辦而民悅。吾一無所問。令皆喜爭盡力。虔事爲少。獄以屢空。改修鹽法。疎鑿贛石。民賴其利。虔當二廣之衝。行者常自虔易舟而北。公間取餘材造舟得百艘。移二廣諸郡曰。仕宦之家。有父兄沒而不能歸者。皆移文以遣。當具舟載之。至者既悉授以舟。復量給公使物。歸者相繼於道。

御史中丞呂公誨。　上素聞其彊直。擢爲天章閣待制。復知諫院。遷諫議大夫。權御史中丞。是時有侍臣棄官家居者。朝野稱其材。以爲古今少倫。　天子引參大政。衆皆喜於得人。獻可獨以爲不然。衆莫不怪之。居無何。新爲政者恃其材。棄衆任己。
厭常爲奇。多變更。祖宗法。專汲汲斂民財。所愛信引拔。時
或非其人。天下大失望。獻可屢爭不能得。乃抗章悉條其過失。
且曰。誤天下蒼生必此人。如久居廟堂。必無安静之理。又曰。天
下本無事。但庸人擾之。上遣使諭解。獻可執之愈堅。乃罷
中丞出知鄧州。
御史中丞彭公思永。爲荆湖北路轉運使。至部。奏黜守令之殘暴
疲懦者各一人。而八州知勸。時大農以利誘諸路使。以羨餘爲
獻。公曰。裒民取賞。吾不忍爲。遂無所獻。
丞相申國吕正獻公公著。每事持重近厚。然去就之際。極於介潔。
其在朝廷。小不合。便脱然無留意。故歷事四朝。無一年不自引
求去

丞相魏國韓忠獻王琦監左藏庫時方貴高科多徑去爲顯職公獨滯於筦庫衆以爲非宜公處之自若不以爲卑冗職事亦未嘗苟且禁中須索金帛皆内臣直批聖旨下庫無印記可以考驗公奏曰天禧中嘗專置傳宣合同一司關防甚嚴官物非得合同憑由不可給後相習爲弊廢而不行願復舊制詔從之舊有監秤始得受納内臣往往數日不至寶貨暴露廊廡遠方衙校苦於稽留公奏罷之災傷州郡所輸物帛不如度者例猶追剥公請蠲之徙開封府推官理事不倦暑月汗流浹背府尹王博文大器重之曰此人要路在前而治民如此眞宰相器也

中書習舊敝每事必用例五房吏操例在手顧金錢惟意所去取所欲與自舉用之所不欲行或匿例不見韓公令刪取五房例及刑房斷例除其冗謬不可用者爲綱目類次之封縢謹掌每

用例必自閱。自是人始知賞罰可否出宰相。五房史不得高下于其間。

參政歐陽文忠公脩。三年加龍圖閣學士。權知開封府事。所代包孝肅公以威嚴御下。名震都邑。公簡易循理。不求赫赫之譽。有以包公之政勵公者。公曰。凡人材性不一。用其所長。事無不舉。强其所短。勢必不逮。吾亦任吾所長耳。聞者稱善。

歐公嘗語人曰。治民如治病。彼富醫之至人家也。僕馬鮮明。進退有禮。爲人診脉。按醫書。述病證。口辯如傾。聽之可愛。然病兒服藥云無效。則不如貧醫。貧醫無僕馬。舉止生踈。爲人診脉。不能應對。病兒服藥云疾已愈矣。則便是良醫。凡治人者。不問吏材能否。設施何如。但民稱便。即是良吏。故公爲數郡。不見治迹。不求聲譽。以寛簡不擾爲意。故所至民便。既去民思。如楊州青州南京皆大郡公至三五日間事已十減五六一兩月後官府閒如僧舍或問公爲政寬簡而事不弛廢者何也曰以縱爲寬以略爲簡則弛廢而民受其弊也吾之所謂寬者不爲苛急耳所謂簡者不爲繁碎耳識者以爲知言

張舜民遊京師求謁先達之門是時歐陽公司馬公王荆公爲學者所趣諸公之論於行義文史爲多唯歐陽公多談吏事既久之不免有請大凡學者之見先生莫不以道德文章爲欲聞者今先生多教人以吏事所未喻也公曰不然吾子皆時才異日臨事當自知之大底文學止於潤身政事可以及物吾昔貶官夷陵彼非人境也方壯年未厭學欲求史漢一觀公私無有也無以遣日因取架閣陳年公案反覆觀之見其枉直乖錯不可勝數以無爲有以枉爲直違法徇情滅親害義無所不有且以

夷陵荒遠褊小尚如此天下固可知也。當時仰天誓心。曰。自爾遇事不敢忽也。迨今三十餘年出入中外忝塵三事。以此自將。今日以人望我必爲翰墨致身。以我自觀亮是當時一言之報也。

公與其姪通理書云。自南方多事以來。日夕憂汝。得昨日遞中書。頓解憂想歐陽氏自江南歸朝累世蒙朝廷官祿吾今又被榮顯致汝等並列官品。當思報效。偶此多事。如有差使盡心向前。不得避事。至於臨難死節。亦是汝榮事。但存心盡公。神明自祐汝。切不可思避事也。昨書中言欲買朱砂來。吾不闕此物。汝於官下宜守廉。何得買官下物。吾在官所除飲食外。不曾買一物。汝可觀此爲戒也。內翰蘇公題其後曰。凡人勉强於外。何所不至。惟考之其私。乃見眞僞。此歐陽公與其弟姪家書也。

杭本江海之地。水泉鹹苦。唐刺史李泌始引西湖水作六井民足於水及白居易復浚西湖淤水入運河自河入田所溉至千頃然湖水多葑久廢開治至是積二十五萬餘丈而水無幾矣運河失湖水之利取給於江潮潮濁多淤河行闤闠中三年一淘爲市井大患而六井亦幾廢蘇文忠公始至浚二河以茅山一河受江潮以鹽橋一河受湖水復造堰閘以爲湖水畜洩之限然後潮不入市且以餘力復修六井又取葑田積湖中爲長堤以通南北募人種菱湖中而收其利以備修湖杭人名其堤曰蘇公堤云。

中書侍郎傅獻簡公堯俞爲御史諫官四年所上百六十餘章多觸忌諱抵權倖名重朝廷而風節凜然聞於天下。

尚書彭公汝礪故事進士第一人無入吏部選者公釋褐歷保信軍節度推官武安軍節度掌書記丁外艱除復授漳州軍事推

官在選十年人以爲淹而公處之澹如也。

内翰范公祖禹言舊年子弟赴官有乞書於蜀公者蜀公不許曰仕宦不可廣求人知受恩多則難立朝矣。

諫議劉公安世徧歷言路正色立朝知無不言言無不盡每以辨是非邪正爲先進君子退小人爲急其面折庭爭至雷霆之怒赫然則執簡却立伺天威少霽復前極論一時奏對且前且却者或四五殿庭觀者皆汗縮竦聽公退則咨嗟嘆服至以俚語目之曰殿上虎。（已上出皇朝名臣言行録）

皇朝仕學規範卷第二十二

皇朝仕學規範卷第二十三

涖官

范質初作相與馮道同堂道最宿舊意輕其新進潛視所爲質初知印當判事語堂吏曰當判之事並施籤表得以視而書之慮臨文失誤貽天下笑道聞嘆曰眞識大體吾不如也質後果爲名相

江翶建安人文蔚之兄子也爲汝州魯山令邑多曠土連歲枯旱艱食翶自建安取旱稻種此稻耐旱繁實可以蓄宜高原至今邑人多種之歲歲足食並出楊文公談苑

時議欲差夫往支郡般草乖崖公曰百姓經賊瘡口未合如何役他只如彭漢去城往還四程一夫擔幾束草餵幾匹馬公遂於城西北門外各捌一草塲買百姓生草秣馬馬甚優足復又百

姓當饑饉之際。得錢買食。全活者頗衆。至十月後方住。
有民家子與壻訟家財。壻言妻父臨終。此子纔三歲。故見命掌貲產。且有遺書令異日以十之三與子。餘七與壻。公覽之。以酒酹地曰。汝妻父智人也。以子幼甚。故託汝。儻遽以家財十之七與子。則子死於汝手矣。亟命以七分給其子。餘三給壻。皆服公明斷。拜泣而去。
公曰。見事有三難。能見。一也。見而欲行。二也。當行必果決。三也。
公謂李畋曰。子還知公事有陰陽否。對曰。未也。曰。凡百公事。未着字前則屬陽。陽主生也。通變由之。着字後屬陰。陰主刑也。刑貴正名。名不可改。
轉運黄虞部好舉時才之士。公勸曰。大凡舉人須舉好退者。好退者廉謹知恥。若舉之則志節愈堅。少有敗事。莫舉奔競者。奔競

者能曲事諂媚。求人知己。若舉之必能矜才好利。累及舉官。故
不少矣。其人既解奔競。又何須舉他。
爲政之道。府吏曰治。未也。庶民曰治。未也。僧道曰治。未也。未若識
見無私。學古之士口治。斯治矣。
公就轉吏部侍郎。謂李畋曰。今忝聖恩。爲天官少宰。可畏可畏。又
勝作正郎時。正郎又勝作員外郎。員外郎勝作三丞。三丞勝作
京秩。若轉下而思之。則身不危。若轉上而思之。則名必敗。已上出張乖崖語録
眞宗朝。因宴。有親事官失金楪子一片。左右奏云。且與決責。
上云不可。且令尋訪。又奏云。只與決小杖。　上云。自有一百
日限。若百日限内尋得。只小杖亦不可行也。　帝王尚守法
如此。爲臣子者當何如。出丁晋公談録

王文正公曾再莅大名代陳康肅既視事府治毁圮者即舊而葺之無所改作什器之損失者修補之如數政有不便委曲彌縫悉掩其非及移守洛師康肅復爲代覩之歎曰王公宜其爲宰相我之量弗及已蓋陳以昔時之嫌意謂公必返其故發其隱也

公嘗言始參大政屬故太尉王公旦當國每進用朝士必先望實或曰其人才某人賢則曰誠知此人然歷官尚淺人望未著且俾養望歲久不渝而後擢任則榮塗坦然中外允愜故公執政之日遵行是言而人皆心服並出王文正公言行録

古者鄉田同井而民之出入相友故無爭鬬之獄今之郡邑之訟往往出於愚民以戾氣相凌善爲政者勿聽焉可也又時取强暴而好譏侮者痛懲之則柔良者安鬬訟可息矣出程氏遺書

教人者。養其善心而惡自消。治民者。導之敬遜而爭自息。

苗履見伊川語及一武帥。苗曰。此人舊日宣力至多。今官高而自愛不肯向前。伊川曰。何自待之輕乎。位愈高則當愈思所以報國者。饑則爲用。飽則揚去。是以鷹犬自期也。

明道先生作縣。凡坐處皆書視民如傷四字。常曰。顥常愧此四字。

已上出程氏外書

趙清獻帥蜀。乃獨以一琴一鶴一龜自隨。想其清致可知。及再帥蜀。縱鶴放龜。想又以此爲累矣。此是渠清入妙處。

有士夫見過云。近日仕宦習氣可惡。上下相蒙。只圖苟免。全無後慮。若不如此。則往往其禍先及。爲之奈何。先生曰。精金百鍊則愈剛。爲器益利。人自不至誠。豈有不可爲者。小人爲不善。其心豈不自知。特無剛腸耳。吾歷仕雖不多。然盡誠於我。依公而行。

人雖以我異已。然道理既是。彼自愧恐。又安能尤人。試平心處之。當自知味。

一士夫以改官少一二紙。舉狀再三懇求宛轉。當路其意甚切。因謂之曰。某平生不能爲人宛轉。且據公入仕可言者。然後某亦可説。斯人歷舉某事某事。曰是公合做底事。又問其入仕幾時。及見其貧窶。細以爲問。皆一一言其所得若干。老幼若干。日用若干。語理甚眞。知其爲廉勤之士。曰如此當爲公説。然自此後。不可失故步。又不可舉此常爲話柄。某一時倉卒間以言信公心。公不可以言欺此心。

或問法未嘗不便於民。而吏每至於害法。治吏者當如何。先生曰。仕宦者。往往多以私意處法。故吏得以欺之。稍能以公心守正理。則人情所在。即是法意。吏安能欺之。

或問近日監司責守令。守令唯務事辦。往往有所不恤。故人情法意。每每多失。其間有一執法守正者。動多拘礙。不敢容易。不以懦斥。則以不能見鄙。及違理背法。一旦事敗者。則又處之幸不幸。此當如何。先生曰。做不得不如去。既任其職。只得守理守法。雖以懦斥。或以無能見鄙。於心無愧。人豈不知。若較之違法背理。而自處於幸不幸者。一敗塗地。非特在我有愧。於人終豈無見察之理。豈可謂之幸不幸。

或問孔孟一聖一賢。轍轘天下。周遊戰國。非不求進而卒不肯遽進者。豈其情也。先生曰。君子之進不敢苟也。必於義爲當。則終身爲榮。雖後世亦榮之。一或不當。終身受辱。雖後世亦辱之。如柳子厚劉禹錫結王叔文。元稹結崔潭峻。一則斥逐不用。雖悔無益。一則爲武儒衡以青蠅見譏。書之史冊。後人讀之。無不爲之愧汗。想其在當時。其心亦何以自處。李栖筠抗元載。不得相。李鄘因吐突承璀。得相而不願受。至今猶欽重其人。大抵窮達貴賤。皆有定分。切不可謬用其心。以自取千世笑端。

或問當官臨事如何。先生曰。切戒躁急。躁急則先自處不暇。何暇治事。加以猾吏姦民。窺伺機便。以成其利。非特害人。於己甚害。

或問趙廣漢為京兆尹。發姦擿伏。使姦宄無所錯。後人少有能繼者。大抵皆挾術用數。以此為治。如何。曰。此豈君子所為。指摩吾心使明白。無以私意亂公道。如揭明鏡于中庭。凡物至前。長短小大妍醜肥瘠。一一自見。鏡何心哉。使物至則應。不必求以應物。已上出横浦語録

襄城之民。素不事蠶織。鮮有植桑者。范忠宣公患之。因民之有罪而情輕者。使植桑於家。多寡隨其罪之輕重。後按其所植榮茂

與除罪。自此人得其利。公去。民懷之不忘。至今號爲著作公。宰縣時官也。次任簽書許州觀察判官公事。賈丞相文元守許。政事無大小。一皆詢公。公亦盡誠。無所迴避。文元無不從者。公退而歎曰。賈公信我如此。豈可容易妄言。益使吾臨事而懼。謹擇而言。期不誤公聽。文元由是深知愛公。出范忠宣公言行録

皇朝仕學規範卷第二十三

涖官

仕學規範

卷廿四至廿七

◎

皇朝仕學規範卷第二十四

涖官

先君常言仕宦不可以苟進惟委之以命則泰然李郎攺轉著作佐郎知齊州景城縣鄉人賈殿丞壽爲審刑院詳議官著令三年滿日自舉官爲代吾與賈相知最密約賈俟李郎替歸薦以爲代賈諾之俯拾無疑矣既而李替歸居京半年餘待賈削指日奏上去滿兩日一貴人召賈令舉其子爲代師益初登第授并州推官有數達官先在并許與師益爲地未赴任爲堂除者所銜攺涇鎮戎軍判官鎮戎僻遠與并大不相侔去日極甚不樂到日和糴斛㪷該賞務末一考攺京官知京兆府咸陽縣若果去并州不知能攺官否汝輩在仕宦常以此二事較之不得苟進惟公勤待命則無悔吝

先君言大理丞張谷爲雷夏宰。公廉勤幹民。實賴之。時有尉官從吉者。流外人。稍有不廉之跡。提刑楊孜過邑。求從吉之罪于谷。谷曰不知。楊怒責谷。曰。爲令長容佐官作過。罪必同情。谷曰。邑事無大小。皆決于某。不聞從吉敢屈法于民。某今日由同官得罪于監司。豈敢自辯。蓋未嘗伺察同官之所爲。以備監司之問。已而楊意稍解。洎輩在仕宦。於同官常如谷之處心。不患祿位之不永。子孫之不盛。並出杜氏談錄

王侍郎古說元憲宋公以言者斥其非才。罷樞相守洛。有一舉人行橐中有不稅之物。公問何緣而發。吏言因其僕告。公曰。舉人應舉。孰無所貲之物。然其情未可深罪。若奴告主。此風豈可長也。寮屬白以犯人乃言官之子也。爲其父嘗有章及元憲。意欲激其報耳。公曰。弗可。送稅。乃治其奴罪而遣之。衆咸服其有德。

出塵史

孫莘老知福州時。民有欠市易錢。繫獄甚衆。有富人出錢五百萬葺佛殿。請于莘老。莘老徐曰。汝輩所以施錢者何也。衆曰。願得福爾。莘老曰。佛殿未甚壞。佛又無露坐者。孰若以錢爲獄囚償官逋。使數百人釋枷鏁之苦。其得福豈不多乎。富人不得已。諾之。即日輸錢。囹圄遂空。

杜祁公爲人清約。平生非賓客不食羊肉。時朝多恩賜。請求無不從。祁公尤抑僥倖。所請即封還。其有私謁。 上曰。朕無不可。但這白鬚老子不肯。並出孫氏談圃

迂叟曰。寬而疾惡。嚴而原情。政之善者也。出涑水迂書

馬大年云。僕見元城先生後三日。僕獻書求教。先生再讀之。似有喜色。且以言見謝。僕因問立身仕宦之道。先生問余家屬畢。曰。

賢俸祿薄。嘗量入以爲出。僕復問請益。先生曰。漢書云。吏道以法令爲師。有暇可看條貫。又曰。不獨可以治人。亦可以保身。僕歸檢漢書。前語出薛宣傳。先生之意。以僕初出場屋。行已或犯法。且爲吏所欺。故有此言。出元城語錄

公曰。今人咸言事已如此。不可復理。某以爲甚易耳。孟子云。夫天未欲平治天下也。如欲平治天下。當今之世。捨我其誰哉。非敢輕蔑天下之士。自以實見天下有可爲之理爾。請言一事。某少時在開寶寺習省課。潞公爲樞相。一日以先人監牧司申一事。頗違當時朝廷之意。召某問之。某以實對。已而問近有所聞否。某言昨有人相訪云。王介甫求去甚堅。恐相公代其任。潞公曰。安得有此。譬如立大厦。其匠擅其工。斤斧紛紛然。其大木截之令小小者復碎之。曾未就緒。輒要主人辭去。舊屋既毀。新材又

壞後之人如何其可爲也余時甚少氣頗鋭應之曰某雖晚進以理觀之似未然潞公愕然曰何故某曰今日新政不知果不順人之所欲爲人之利乎若不然相公當之去所害興所利反掌之間耳潞公默然他日見先人云嘗請令郎相見其論甚堅正也出元城談録

胡理問曰筮仕之初遽領推勘不知治獄要道何如公曰在常注意而一事不可放過某有同年宋若谷初在洛州同官留意獄訟當時遂以治獄有聲監司交薦其後官至中散大夫嘗曰獄貴初情每有繫獄者一行若干人即時分牢異處親往遍問私置一簿子隨所通語畢記之因以手指畫膝上教理曰題云某日送到某人某事若干人列各人姓名其後行間相去可三寸許以初問訊所得語列疏姓名左方其後結正無能出初語者

蓋人乍入狴犴。既倉卒。又異處。不能相謀。此時可以得其情耳。獄貴初情。此要道也。出南都道護錄

諫議大夫張師德謁向文簡公敏中。曰。師德兩詣王相公。皆不得見。恐爲人輕毀。望公從容明之。一日方議知制誥。王文正公旦曰。可惜張師德。向曰。何謂。公曰。累於 上前說師德名家子。有士行。不意兩及吾門矣。狀元及第。榮進素定。但當靖以待之耳。若奔競而得。使無階而進者。當如何也。向方以師德之意啓之。公曰。某處安得有人敢輕毀。但師德後進。待我淺也。向公之稱師德。適有闕。望公弗遺。公曰。第緩之。使師德知。聊以戒貪進激薄俗也。

東封車駕在道。夜有堂吏被酒。忿爭。皆倉皇入白。公卧不答。既入對。 上出臣僚奏狀。千乘萬騎在外。可斬首以令衆。公曰。此

止小人一時醉毆若斬之是禁人飲酒令飲酒者皆懼車駕在外人情焉得安已捕歸京府繫治後府以此申覆公曰若輕斷亦恐縱人今霈大赦可原之矣止減死一等

中書有事關送密院事礙詔格寇萊公在樞府馳以聞　上曰中書行事如此施之四方得非不便公見之拜於　上前曰此實中書之失堂吏皆遭罰責密院吏皇恐白寇公曰中書密院日有相干自來止是逐房改易不期奏白而使宰相謝罪不踰月密院有事送中書亦違舊詔堂吏得之欣然而呈公公曰却送與密院密院吏出白寇公寇公大慙翌日見公曰王同年甚得許大度量公不答

公言慶曆中與希文彥國同在兩府　上前爭事議論各別然下殿來不失和氣如未嘗爭也當時三人相善正如推車子蓋

其心主於車可行而已。不爲己也。

公言國家事。鎮之則靜。但敢者少耳。

公在政府時。極有難處事。嘗言天下事無有盡如意。須索包揔。不然不可一日處矣。

公言往時同列二三公不相下。語嘗至相擊。待其氣定。每爲平之以理。使歸于是。雖喜勝者。亦自然不爭也。

公言某待罪中書時。事有當然者。不當然者。必堅立不動。反復論列。須正而後退。不敢便取次放過。

錢明逸乂在禁林。不滿意。出爲秦州。居常怏怏不事事。公聞之語人曰。雖不足意。獨不思所部有萬千生靈耶。已上出名賢遺範録

皇朝仕學規範卷第二十四

皇朝仕學規範卷第二十五

涖官

徐仲車言人之同官不可不和。和則事無乖逆而下不能爲姦。必欲和莫若分過而不掠美。出節孝先生語

造意者常居尊與賢，作事者常居卑與賤。造意速，作事遲，以事之遲副意之速，常不及。故在上者不可以意之速責事之遲。

蔡君謨知開封府。事日不下數千。每有日限事，揀三兩件記之。至其日問人。不測如神。

楊中立云：范文正有言。作官公罪不可無，私罪不可有。林述中云：范堯夫有言。公事膽大，私事膽小。又言一部律中四字可盡，所謂罪疑惟輕。

神廟時，監司李及登對。上問麥價，不知。對曰：臣於職事非不

盡心。偶不知麥價。他日擇按察。 上問向時不知麥價者爲
誰。宰執請其故。 上曰。朕欲知四方利病。須忠信人。如麥價。
有甚撰一箇不得。
張橫渠與其叔安仁令書云。弊政之後。諒煩整葺。寬而不弛。猛而
不殘。待寄居游士以禮。而不與之交私。一切守法於人情從容。
此亦吾叔所能辦。
范堯夫嘗謂人作貴官。只將如奉使借官看。便無事。
李君谷教一初官云。勤謹和緩。其人云。勤謹和已聞命矣。緩字未
諭。李云。甚事不因忙後錯了。已上出晁氏客語
左丞王和甫尹京日。市有匿名書誣告一富家有逆謀。都城稍恐。
和甫不以爲然。不數日。果有旨根治。和甫搜驗富家無迹。因詢
其怨耦。答以數日前有鬻狀人馬生。嘗有所貸。弗與。頗積怨言。

和甫乃密以他事綰馬生至對款。即取謗書字校之。略無少異。因而訊鞫。其事果馬生所作。

朝請郎侯臨昔爲東陽令。有治聲。忽他邑民因分財私寄附於姻家。輒爲所匿。累經訟而弗直。乃求理於侯。侯曰。吾與汝異封。法難以治。止令具物之名件而去。後半年。縣獲強盗。侯因縱盗妄通所寄物於姻家。及捕至獄。泣訴盗所通金帛皆親所寄。侯即追向日求理之民。證驗識認還之。

朝散大夫錢龢往年宰秀州嘉興。有村叟告牛爲盗所殺。錢曰。若亟歸。勿言報吾。但密召同村解之。遍以其肉餽所知。或有怨仇。即倍與叟。如其言。翌日果有人懷肉以告叟私屠牛者。錢得而治。乃告肉者所殺。已上出和氏談選

韓莊敏公。一日侍立。神宗云。聞杭州楊梅甚佳。卿曾食否。公

云舊亦曾食然中國甘珍亦自不少遠方之物一有供奉便成勞弊如漢唐荔枝是也 神宗云誠然

公臨藩政事詳盡官屬人人得盡其所長每議事使逐人各道所見公然後參酌從長施行如有未盡更爲條陳屬官多乞相公台旨公曰某指揮不難恐有差誤諸公不肯言致誤施行不若先盡諸公所見然後其參酌也並出韓莊敏公遺事

或問爲政如何謝子曰吾爲縣立信以示之始時事煩吾信既立今則簡矣凡事皆與之議而處其方只如理債則先約之息不得過本不及本則計日月償之又爲之期期至而不還治其罪息過本則不理凡胥吏禀吾約束者中爲之約而言不再期既至而事未集治其罪不復縱凡此皆所以示吾信又問處事何以得其要謝曰試舉一端只如繳引勾到人便令於引上三項

開說。某人是陳狀。某人是被論。某人是證見。即時便見得事因
問當。不用更看元詞。

萬事皆有命。人力計較不得。吾平生未嘗干人。在書局亦不謁
執政。或勸之。吾對曰。他安能陶鑄我。自有命在。若信不及。風吹
草動。便生恐懼憂喜。枉做却閑工夫。枉用却閑心力。信得命及。
便養得氣不折挫。已上出上蔡語録

或問臺諫官如何作。曰。剥之彖曰。不利有攸往。小人長也。順而止
之。觀象也。君子尚消息盈虛。天行也。夫君子之於小人。方其進
也。不可以驟去。觀剥之象。斯可見矣。剥。坤下而艮上。坤順也。艮
止也。此天理之不可易者也。順而止之。其漸而非暴之謂乎。陰
陽之氣。消息盈虛。必以其漸。君子所尚。蓋在於此。

因言人君喻臺諫言事。若事當言。可以言否。曰。英宗朝傅欽

之奏劄子。　上不從。因曰。臺諫有合理會事。却不理會。欽之曰。不知方今合理會者是何事。　上曰。何不言蔡襄。欽之云。若襄有罪。　陛下何不自朝廷意正典刑責之。安用臣等言。　上曰。欲使臺諫言其罪。以公議出之。欽之云。若付之公議。臣但見蔡襄辨山陵事有功。不見其罪。臣身爲諫官。使臣受旨言事。臣不敢。

爲政要得厲威嚴。使事事齊整甚易。但失於不寬。便不是古人作處。孔子言居上不寬。吾何以觀之哉。又曰。寬則得衆。若使寬非常道。聖人不只如此說了。今人只要事事如意。故覺見寬政悶人。不知權柄在手。不是使性氣處。何嘗見百姓不畏官人。但見官人多虐百姓耳。然寬亦須有制。始得。若百事不管。唯務寬大則胥吏舞文弄法。不成官府。須要權常在己。操縱予奪。摠不由人儘寬不妨。伯淳作縣。常於坐右書視民如傷四字。云某每日常有愧於此。觀其用心。應是不錯。决撻了人。古人於民。若保赤子。爲其無知也。常以無知恕之。則雖有可怒之事。亦無所施其怒。無知。則固不察利害所在。教之趣利避害。全在保者。今赤子若無人保。則雖有坑穽在前。蹈之而不知。故凡事疑有後害。而民所見未到者。當與他做主。始得。州縣近令勸誘富民買鹽。勸誘即須有買者。但異時令百姓買鹽。其初亦令勸誘。百姓名一入官。以後便不可脫。爲民父母。豈可暫時罔之。使之終身受其害。

徐師川歸洪州。欲不復來。先生問之。曰。公免得仕宦否。若端的有以自贍。不必復來。固好。第亦須着仕宦。如何。師川曰。亦以免仕宦未得。曰。如此則當復來供職。仕宦處處一般。既免未得。須復為他官逃此之彼。彼亦宜有不安處。是無地可以自容也。師川曰。來此復為人所羅織陷於禍。柰何。曰。顧吾所自為者如何耳。苟自為者皆合道理而無愧。然而不能免者。命也。不以道理為可憑依。而徒懼其不免。則無義無命矣。師川曰。極是。亦待來此。若做不得。去之未為晚。又言。人只為不知命。故纔有些事便自勞擾。若知得徹。便於事無不安。孔子曰。天生德於予。元魋其如予何。固嘗解云。使孔子不免於元魋之難。是亦天也。元魋其如何哉。蓋聖人知命如此。夫富貴死生。人無與焉。何尤人之有。孟子分明為臧倉所毀。不遇魯侯。而以為不遇非臧倉之力。蓋知命也。

程正叔云。古之學者。四十而仕。未仕以前二十餘年。得盡力於學問。無他營也。故人之成材可用。今之士。十四五以上便學綴文。

覔官，豈常有意爲己之學。夫以不學之人，一旦授之官，而使之事君長民，治事，宜其效不如古也。故今之在仕路者，人物多凡下不足道，以此。已上出龜山語録

皇朝仕學規範卷第二十五

皇朝仕學規範卷第二十六

涖官

邵曄知廣州鑿內河以泊舟楫不爲颶風所害相次陳世卿代之奏乞免本州計口買鹽之害五羊之民始有溫衣飽食廣人歌曰邵父陳母除我二苦 出玉壺清話

伯溫初入仕程侍講曰凡作官雖所部公吏有罪亦當立案而後決或出於怒比具案怒亦散不至倉卒傷人每決人有未經杖責者宜謹之恐其或有所立也伯溫終身行之

樞密張公案謂余曰某初官入川妻子乘驢某自控兒女尚幼共一驢馱之近時初官非車馬僕從數十不能行可歎也前輩勤儉不自侈大蓋如此因録之

元祐初 哲宗幼沖起文潞公以平章軍國重事召程頤正叔

爲崇政殿說書。正叔以師道自居。每侍 上講。色甚莊。繼以諷諫。 上畏之。潞公對 上恭甚。進士唱名。侍立終日。上屢曰。太師少休。公頓首謝。立不去。時公年九十矣。或爲正叔曰。君之倨。視潞公恭。議者爲未盡。正叔曰。潞公三朝大臣。事幼主不得不恭。吾以布衣爲 上師傅。其敢不自重。吾與潞公所以不同也。識者服其言。

熙寧三年四月。朝廷初行新法。所遣使者皆新進少年。遇事風生。天下騷然。州縣始不可爲矣。康節先公閑居林下。門生故舊仕宦四方者。皆欲投劾而歸。以書問康節先公。康節先公答曰。正賢者所當盡力之時。新法固嚴。能寬一分。則民受一分之賜矣。投劾而去。何益。已上出邵氏聞見錄

范忠宣公語江民表。作小官時。便作取宰相時事。舜居歷山。及得

天下若固有之者。養之素也。出步里客談

人有語及爲政者。和靖曰。子張問政。子曰。居之無倦。倦最害事。若能無倦。推而行之。爲尉爲邑爲郡。以至爲宰相。皆可了。若倦。即雖居家至小事也不能了。出涪陵記善錄

士大夫若止一官之廩祿計。則不知其爲素飡。請以驅役之卒。奉承之吏。供帳居處。詳陳悉筭。則凜然如履冰。岌然如臨淵。有媿於方寸者多矣。若於奉公治民之道不加思。則竊人之財。不足爲盜矣。出省心雜言

葉石林云。余在許昌。歲適大水。災傷。京西尤甚。殍自鄧唐入吾境。不可勝計。令盡常平所儲奏乞越常制賑之。幾十餘萬人。稍能全活。惟遺棄小兒無由皆得育之。一日詢左右曰。人之無子者。何不收以自畜乎。曰。人固願得之。但患既長或來歲豐稔。父母

來識認爾余爲閱法則凡因災傷棄遺小兒不得復取乃知爲此法者亦仁人也夫彼既棄而不有則父母之恩絶若人不收之其誰與活乎遂作空券數千具載本法印給內外廂界保伍凡得兒者使自明所從來書於券付之略爲籍記使以時上其數給多者賞且分常平餘粟貧者量授以爲資事定按籍給券凡三千八百人皆奪之溝壑置之襁褓此雖細事不足道然每以告臨民者恐緩急不知有此法或不能出此術也

富韓公爲樞密副使坐石守道謗自河北宣諭使還道除知鄆州徙青州讒者不已人皆爲公危懼會河北大水流民轉徙東下者六七十萬人公皆招納之勸民出粟自以盡散處境內屋廬飲食醫藥纖悉無不備從者如歸市有勸公非所以處疑弭謗禍且不測公傲然弗顧曰吾豈以一身易此六七十萬人之命

哉。卒行之愈力。明年。二土大熟。始皆襁負而歸。則公所全活也。於是雖讒公者亦莫不畏服。知不可撓。而疑亦因是浸釋。公在政府不久。而青州適當此疑。每見其與一所厚書。云在青州二年。偶能全活得數萬人。勝二十四考中書令遠矣。張侍郎舜民常刻之石。余舊有其模本。今亡之。不復見也。並出石林避暑録

吳龍圖中復。性謹約。詳於吏治。自潭州通判代還。孫文懿公爲中丞。聞其名。初不知識。即薦爲監察御史裏行。或問文懿何以不相識而薦之。文懿笑曰。昔人耻爲呈身御史。吾豈薦識面臺官耶。當時服其公。

眞宗幸澶淵。丁晉公以鄆齊濮安撫使知鄆州。虜既入塞。河北居人驚奔渡河。欲避於京東者日數千人。舟人邀阻不時濟。丁聞之。亟取獄中死囚數人。以爲舟人。悉斬于河上。於是曉夕並渡

不三日皆盡。既渡。復擇民之少壯者分畫地分。各執旗幟。鳴金鼓河上。夜則傳更點。申號令。連數百里。虜人莫測。訖師退境內晏然。並出石林燕語

王尚書敏仲。每事必爲人求方便之道。如河朔舊日北使經由州郡。每北使將至。於民間假貸供帳之具。至煩擾。敏仲奉使即言之朝。乞令河朔人使經由處皆支官錢置什物儲之別庫。專待人使。自此河朔無復假貸之擾矣。王公臨事每如此也。

呂滎陽公語人云。自少官守處。未嘗干人舉薦。以爲後生之戒。仲父舜從守官會稽。人或譏其不求知者。仲父對詞甚好。云勤於職事。其他不敢不謹。乃所以求知也。

當官之法。唯有三事。曰清。曰謹。曰勤。知此三者。則知所以持身矣。

知此三者。可以保禄位。可以遠耻辱。可以得上之知。可以得下之援。然世之仕者。臨財當事。不能自克。常自以爲不必敗。持不必敗之意。則無所不爲矣。然事常至於敗而不能自已。故設心處事。戒之在初。不可不察。借使役用權智。百端補治。幸而得免。所損已多。不若初不爲之爲愈也。司馬子微坐忘論云。與其巧持於末。孰若拙戒於初。此天下之要言。當官處事之大法。用力簡而見功多。無如此言者。人能思之。豈復有悔吝耶。

事君如事親。事官長如事兄。與同僚如家人。待群吏如奴僕。愛百姓如妻子。處官事如家事。然後爲能盡吾之心。如有毫末不至。皆吾心有所未盡也。故事親孝。故忠可移於君。事兄弟。故順可移於長。居家理。故治可移於官。豈有二理哉。當官處事。常思有以及人。如科率之行。既不能免。便就其間求所以使民省力。不使重爲民害。其益多矣。不與人爭者常得利多。退一步者常進百步。取之廉者得之常過其初。約於今者必有垂報於後。不可不思也。惟不能少自忍者必敗。此實未知利害之分。賢愚之別也。

予嘗爲泰州獄掾。顏岐夾仲以書勸予治獄次第。每一事寫一幅相戒。如夏月取罪人。早間在西廊。晚間在東廊。以避日色之類。又如獄中遣人勾追之類。必使之畢此事。不可更別遣人。恐其受賂已足。不肯畢事也。又如監司郡守嚴刻過當者。須平心定氣與之委曲詳盡。使之相從而後已。如未肯從。再當如此詳之。其不聽者少矣。

當官之法。直道爲先。其有未可一向直前。或直前反敗大事者。須用馮宣徽所稱惠穆公秤停之説。此非特小官然也。爲天下國

家當知之已上出呂氏童蒙訓

皇朝仕學規範卷第二十六

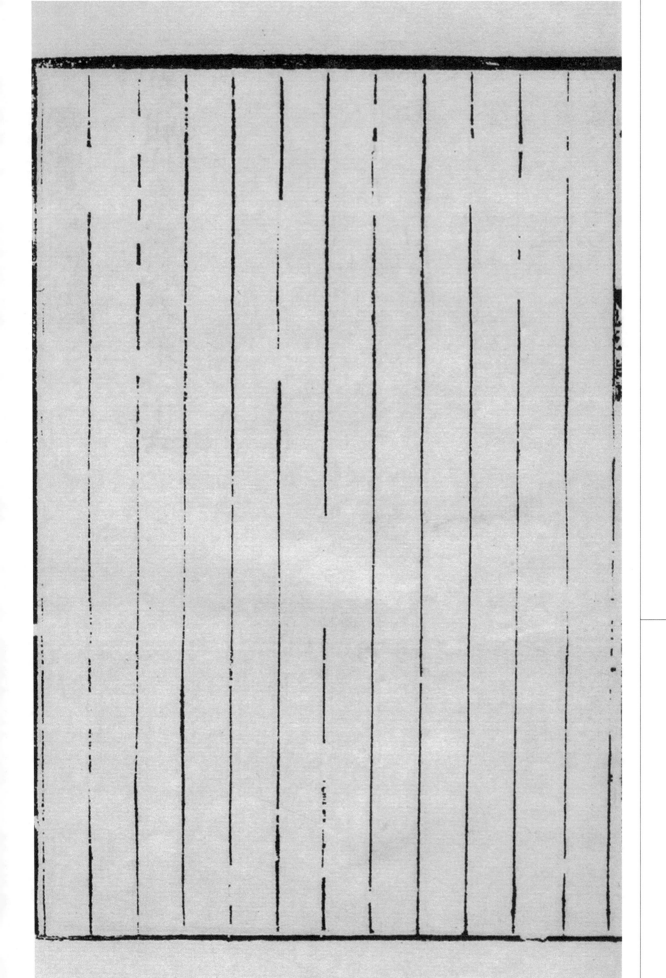

皇朝仕學規範卷第二十七

涖官

劉器之謂予言當官處事須權輕重務合道理毋使偏重可也夫是之謂中因言元祐間嘗謁見馮當世宣徽當世言熙寧初與陳暘叔呂寶臣同任樞密暘叔聰明少比遇事之來迎刃而解而呂寶臣尤善秤停事每事之來必秤停輕重令得所而後已也事經寶臣處者人情事理無不允當器之因極言秤停二字最吾輩當今所宜致力二字不可不詳思熟講也寶臣蓋惠穆公也。

黃兌剛中嘗爲予言頃爲縣尉每遇驗尸雖盛暑亦必先飲少酒捉鼻親視人命至重不可避少臭穢使人橫死無所伸訴也。

前輩嘗言小人之性專務苟且明日有事今日得休且休當官者不可徇其私意忽而不治諺曰勞心不如勞力此實要言也。

當官既自廉潔須關防小人如文字曆引之類皆須明白以防中傷不可不至謹不可不詳知也。

前輩嘗言吏人不怕嚴只怕讀蓋當官者詳讀公案則情僞自見不待嚴明也。

當官者凡異色人皆不宜與之相接巫祝尼媪之類尤宜疎絶要以清心省事爲本。

後生少年乍到官守多爲猾吏所餌不自省察所得毫末而一任之間不復舉動大抵作官嗜利所得甚少而吏人所盗不貲矣以此被重譴良可惜也。

當官者先以暴怒爲戒事有不可當詳處之必無不中若先暴怒只能自害豈能害人前輩嘗言凡事只怕待待者詳處之謂也蓋詳處之則思慮自出人不能中傷也

嘗見前輩作州縣或獄官每一公事難決者必沉思靜慮累日忽然若有得者則是非判矣是道也惟不苟者能之

處事者不以聰明爲先而以盡心爲急不以集事爲急而以方便爲上

當官處事務合人情忠恕違道不遠觀於己而得之未有舍此二字而能有濟者也嘗有人作郡守延一術士同處書室後術士以公事干之大怒叱下竟致之理杖脊編置招延此人已是犯義既與之稔熟而干以公事亦人常情也不從之足矣而治之如此之峻殆似絕滅人理

當官大要直不犯禍和不害義在人消詳斟酌之爾然求合於道理本非私心專爲己也

當官處事但務着實如塗擦文書追改日月重易押字萬一敗露得罪反重亦非所以養誠心事君不欺之道也百種姦僞不如一實反覆變詐不如謹始防人疑衆不如自謹智數周密不如省事不易之道也事有當死不死其詬有甚於死者後亦未必免死當去不去其禍有甚於去者後亦未必得安世人至此多惑亂失常皆不知輕重義命之分也此理非平居熟講臨事必不能自立不可不預思古之欲委質事人其父兄日夜先以此教之矣中材以下豈臨事一朝一夕所能至哉教之有素其心安焉所謂有所養也

忍之一事衆妙之門當官處事尤是先務若能清謹勤之外更行

一忍何事不辦書曰必有忍其乃有濟此處事之本也諺有之曰忍事敵災星少陵詩云忍過事堪喜此皆切於事理爲世大法非空言也王沂公常說喫得三斗釅醋方做得宰相蓋言忍受得事也

范侍郎育作庫務官隨行箱籠只置廳事上以防疑謗凡若此類皆守官所宜詳知也

當官取庸錢般家錢之類多爲之程而過受其直所得至微所喪多矣亦殊不知此數亦吾分外物也已上出呂氏童蒙訓

唐肅待制爲秦州司理參軍時有商人夜宿逆旅而同宿者殺人亡去旦起視之血汙其衣爲吏所執不能辨明遂自誣服肅爲白其寃而知州馬知節趣令具獄肅固持不可後數日得眞殺人者就辟本州觀察推官

杜衍丞相作河東提刑時。上黨民有繼母爲人所殺。或告民殺之。不勝楚掠。遂自誣服。獄既具。衍疑非實。未論決間。果得眞殺人者。

孫沔副樞爲趙州司理參軍時。盜發屬縣。爲捕者所迫。乃棄其刃兵并所盜贓於民家。後即其家得會飲者十六人。適如其數。捕繫縣獄。掠使服罪。法皆當死。以具獄上。沔疑其枉而留訊之。州將怒。然終不敢決。未幾得眞盜。州將反喜。謂沔曰。微子。吾得自脫耶。

范正辭郎中爲江南轉運副使時。饒州有群盜劫富民家財。捕得十四人。獄具。當死。正辭按部至饒。引問察其非實。命徙他所訊鞫。既而民有告群盜所在者。令監軍王愿掩捕。愿未行而盜遁去。正辭親出郭追獲之。皆伏法。而十四人得釋。

趙稹少師爲益州路轉運使時，邛州蒲江縣捕劫盜不得，而官司反繫平民數十人，楚掠强服，且合其辭若無可疑者。稹適行部，意其有冤，乃馳入縣獄，盡得其冤狀，釋出之。

薛向樞密提點河北刑獄時，深州武强縣有盜殺人而奪其財，尉以失盜爲負，捕平人掠服之，置贓於外，以符其語，向得而疑之，親引問，直其冤，免死者六人，正其尉故入之罪。

宣歙間有强盜夜殺一行旅，棄尸道上，携其首去，將曉，一人繼至而踐其血，亟走避之，尋被追捕，繫獄半年不決，有司欲得首結案，乃嚴督里胥遍行搜索，會一丐者病臥窐中，即斬以應命，因亦久厭考掠，遂伏誅。後半年，强盜始敗于儀眞，獄成，驗所斬首，乃瘗于歙縣界。彼里胥之濫殺與平民之枉死，皆緣有司急於得首以結案也，然則追責贓證，可不審謹乎。

王利郎中通判滄州時。閲具獄。有群盜當就死。利察其氣貌非作惡者。密訊之。頗得其寃狀。乃留不決。且索境内。後數日。盡獲眞盜。頼免者七人。

余良肱大卿。初爲荆南司理參軍。有捕得殺人者。既自誣服。良肱獨以驗其尸與所用刃。疑之。曰。豈有刃盈尺而傷不及寸。白請詳捕。果獲眞殺人者。

張堯佐宣徽。初爲筠州推官。時吉州有道士與商人偕行。夜宿郵舍。飲而商人暴卒。道士惶恐逋去。爲邏者所獲。捕繫百餘人。轉運使命堯佐覆治。盡得其寃狀而釋之。

強至祠部。爲開封府倉曹參軍。時禁中露積油幕。一夕火。主守者法皆應死。至預聽讞。疑火所起。召幕工訊之。工言製幕必雜他藥。相因既久。得濕則燔。府爲上聞。仁宗悟曰。頃　眞宗

山陵火起油衣中。其事正爾。主守者遂傳輕典。已上出折獄龜鑑

皇朝仕學規範卷第二十七

淊官陰德

仕學規範 卷廿八至三十

皇朝仕學規範卷第二十八

涖官

向敏中丞相判西京有僧暮過村舍求宿主人不許求寢於門外車箱中許之是夜有盜入其家携一婦人并囊衣踰牆出僧不寐適見之自念不爲主人所納而強求宿明日必以此事疑我執詣縣矣因亡去夜走荒草中忽墜眢井而踰牆婦人已爲人所殺尸在井中血汙僧衣主人蹤迹捕獲送官不堪掠治遂自誣云與婦人姦誘以俱亡恐敗露因殺之投尸井中不覺失脚亦墜於井贓與刀在井旁不知何人持去獄成皆以爲然敏中獨以贓仗不獲疑之詰問數四僧但云前生負此人命無可言者固問之乃以實對於是密遣吏訪其賊食於村店有嫗聞其自府中來不知其吏也問曰僧某獄如何吏紿之曰昨日已笞

死於市矣嫗歎息曰今若獲賊如何吏曰府已誤決此獄雖獲賊不敢問也嫗曰然則言之無害彼婦人乃此村少年某甲所殺也吏問其人安在嫗指示其舍吏往捕并獲其贓僧始得釋

錢冶屯田爲潮州海陽令時郡之大姓某氏火迹其來自某家吏捕訊之某家號寃不服太守刁湛曰獄非錢令不可冶問大姓得火所發牀足驗之疑里仇家物因率吏入仇家取牀足合之是仇家即服曰火自我出故遺其跡某家者欲自免也某家乃獲釋

蔡高調福州長溪尉縣媼二子漁於海而亡媼某氏爲仇告縣捕賊吏皆難之曰海有風波安知不水死乎雖果爲仇所殺若不得尸則於法不可理高獨謂媼色有寃不可不爲理也乃陰察仇家得其迹與媼約曰十日不得尸則爲媼受捕賊之責凡宿

海上七日潮浮二尸至驗之皆殺也乃捕仇家伏法高端明殿學士襄之弟也

錢惟濟留後知絳州民有條桑者盜強奪之不能得乃自斫其右臂誣以殺人官司莫能辨惟濟引問面給以食而盜以左手舉匕筯因語之曰他人行刃則上重下輕今下重上輕正用左手傷右臂也誣者引服

蘇渙郎中知衡州時耒陽民爲盜所殺而盜不獲尉執一人指爲盜渙察而疑之問所從得曰弓手見血衣草中呼其儕視之得其人以獻渙曰弓手見血衣當自取之以爲功尚何呼他人此必爲姦訊之而服他日果得眞盜

梁適丞相嘗爲審刑院詳議官梓州妖人白彥歡能依鬼神作法詛呪人有死者獄上請讞皆以不見傷爲疑適曰殺人以刃尚

或可矜今以詛也其可免乎卒以重辟論。

馬亮少保初以殿中丞通判常州吏有亡失官物者械繫妻子千連十百人亮一切縱去許其自償所負不踰月而盡輸之。

薛顏大卿知耀州有豪姓李甲者結客數十人號沒命社或不如意則推一人以死鬬數年爲鄉人患莫敢發之顏至大索其黨會赦當免特杖甲流海上餘悉籍于軍。

范純仁丞相知河中府時録事參軍宋儋年會客罷以疾告是夜暴卒蓋其妾與小吏爲姦也純仁知其死不以理遂付有司案治會儋年子以喪柩歸移文追驗其尸九竅流血睛枯舌爛舉體如漆有司訊因言寘毒鼈胾在第幾巡豈有中毒而能終席耶必非實情命再劾之乃因客散醉歸寘毒酒盃中而殺之此蓋罪人以儋年不嗜鼈而爲坐客所并且其後巡數尚多欲爲

他日覬異逃死之計爾。

程顥察院知澤州晉城縣時有富民張氏子其父死未幾晨起有老父在門曰我汝父也來就汝居具陳其由張氏子驚疑莫測相與詣縣請辨之老父曰業醫遠出治疾妻生子貧不能養以與張氏某年月日某人抱去某人見之顥謂曰歲久矣爾何說之詳也老父曰某歸而知之書于藥法冊後因懷中取冊以進其記曰某年月日某人抱兒與張三翁顥問張氏子爾年幾何曰三十六爾父在年幾何曰七十六謂老父曰是子之生其父年四十人已謂之三翁乎老父驚駭服罪。

歐陽曄都官知端州有桂陽監民爭舟相毆死獄久不決曄出囚坐廷中去其桎梏而飲食之訖還于獄獨留一人留者色動曄曰殺人者汝也囚不知所以然曰吾視食者皆以右手持匕汝

獨以左今死者傷右肋此汝殺之明也囚泣曰我殺之不敢以
累他人

程顥察院初爲京兆府鄠縣主簿民有借其兄宅以居者發地中
藏錢兄之子訴曰父所藏也令言無證左何以决之顥曰此易
辨耳問兄之子曰爾父藏錢幾年矣曰二十年遣取千錢視之
謂曰今官所鑄錢不五六年則遍天下此錢皆爾父未居前數
十年所鑄何也其人遂服令大奇之

彭思永侍郎爲益州路轉運使時攝成都府事蜀民以交子貿易
多置衣帶中而盜於爪甲間挾刃伺便徼取之至十百而不敗
民甚病之思永捕獲一人使盡疏其黨悉黥隸諸軍盜以衰息

張詠尚書知江寧府有僧陳牒出憑詠據案熟視久之判送司理
院勘殺人賊翌日群官聚廳不曉其故詠乃召問爲僧幾年對

曰：七年。又問何故額有繫巾痕，即惶怖服罪。蓋一民與僧同行，僧於道中殺之，取其祠部戒牒，自披剃爲僧也。

燕肅侍郎知明州，俗悍輕喜鬬。肅推先毆者，雖無傷必加以罪；後毆者非折跌支體，皆貸之。於是鬬者爲息。

葛源郎中初以吉州太和簿攝吉水令。他日令始至，猾吏誘民數百訟庭下，設變詐以動令，如此數日，令厭事，則事常在吏矣。源至，立訟者兩廡下，取其狀視，有如吏所爲者，使自書所訴。不能書者，吏受之，往往不能如狀，窮輒曰：我不知爲此，乃某吏教我所爲也。悉捕劾致之法。訟以故少，吏亦終不得其意。

周沆侍郎嘗爲河東轉運使。自慶曆以來，河東行鐵錢，民多盜鑄，吏以峻法繩之，抵罪者日繁，終不能禁。沆乃命高估鐵價，盜鑄者無利。不禁自息。

胡向少卿爲袁州司理參軍時。有盜七人皆當死向疑其有寃乃留訊之則二人者果不同謀。始受其庸而中道被脅以行卒得免死。

李應言諫議爲侍御史時。鄆州民傳妖法者。其黨與凡百餘人。捕者欲邀功賞而誣以不軌。命應言往按其事。止誅首謀數人。餘悉全活之。

王延禧朝議。初爲岳州沅江令。歲饑盜起。親獲十餘人。贓皆應死。法得遷官。延禧歎曰。是皆良民窮而爲盜。今既無以業之。又利其死以爲己功。亦何忍哉。諭被盜者悉裁其贓。盜得不死。延禧。王黄州孫也。已上出折獄龜鑑

皇朝仕學規範卷第二十八

◎

皇朝仕學規範卷第二十九

陰德

陳侍中堯叟爲廣南西路轉運使。嶺南風俗。病者必禱神。不服藥。堯叟有集驗方百本。刻石桂州驛舍。人頗賴之。又以地氣烝暑。爲植柳鑿井。每三二十里。必置亭舍什器。人免渴死。

李右司濬字德淵。冀州信都人。父超爲禁軍卒。嘗從潘美外戍。主刑刀。每行刑。超必徐之。至美怒解。多有寬釋。以是全者甚衆。人謂其有陰德。

滕章敏公元發知安州。侍郎韓丕旅殯于安五十年矣。學士鄭獬安人也。既歿十年。貧不克葬。甫皆葬之。

吳節使居厚出知和州。創將理院。致醫藥。使病者有歸。所全活甚衆。其後朝廷設坊安濟。大槩如居厚所建立。

王朝散覲知成都府府無閑田中下之家無葬地多用浮屠法火化覲委官録未葬者萬餘得官地奏爲墓域葬之並出本朝名臣傳

泉州同安主簿蕭渉二男長曰注次曰伯英府君臨終之夕呼二子囑之曰昔爲獄官有陰德於人吾聞有陰德者其後必大汝等當力學圖富貴以大吾門二子果皆擢進士第注今爲西上閤門使廣南西路安撫都監知邕州伯英祕書丞出皇朝名臣四科事實

竇禹鈞年三十未獲嗣夜夢祖父謂曰汝年過無子又壽不永當早修陰德禹鈞唯諾家僕盜用數百千錢懼事發遂遁寫券繫女臂曰賣此女以償欠公憫而嫁之僕感泣歸訴前罪公置不問由是圖公像日焚香以祝公年又常入佛寺得遺銀二百兩金三十兩黎明復入院以伺失者果一人泣涕而至公問其故曰爲父犯大辟遍告諸親貸得此物用贖父罪昨暮去失父不

復贖矣。公驗實還之。更有所贈。又內外姻婭。有喪不舉。有女不嫁者。公一切周旋。歲之所入。除伏臘供給外。皆以周急。家尚儉素。建書院四十間。聚書萬卷。延文行師儒。有志於學者。聽其自至。是以由公門而貴者。前後接武。公歷官至左諫議大夫致仕。義風家法。實一時標準。生五子。並登第。儀禮部尚書。儼禮部侍郎。侃左補闕。偁參知政事。僖起居郎。公一夕復夢祖父謂曰。陰陽之理。大抵無異。善惡之報。或在見世。或在來世。無可疑者。汝本無子。又降年不永。以陰德故。天延汝壽三紀。賜汝五子貴顯。壽終當爲洞天眞人。公益進修。年八十二。沐浴別親舊。談笑而逝。

曹冀王彬。前後受命征伐。凡降四國。江南。西川。廣南。湖南也。嘗曰。自吾爲將。殺人多矣。未嘗以私喜怒輒戮一人。功名顯著。爲諸將之首。諸子皆賢。瑋琮璨繼領旄鉞。其後少子玘追封王爵。實生 光獻慈聖太后。輔佐 仁宗。母儀 累朝。聖功仁德。天下懷慕。以至濟陰王。生亨王爵。子孫昌盛。近世無比。非元功陰德。享報深厚。何以及此。

查道淳化中。赴舉乏資。用。于諸親舊得數萬緡。偶於旅次見一女子甚端麗。詢之。故人之女也。道乃傾囊擇謹厚婿嫁之。是歲道雖罷舉。次年登科。其後位至侍從 已上出皇朝類苑

參政吳文肅公。初與鄉人王彭年善。稱道其能。爲致名官。彭年客死于京師。公使長子主喪事。周恤其家。嫁其三女焉。及他姻族有不能自存者。爲畢嫁娶。又以錢二千萬買田北海。號曰義莊。以賙親戚朋友之貧乏者。終之日。家無餘財。諸子無宅以居。烏乎。可謂篤義君子矣

翰林學士曾文昭公肇，元祐士大夫再以赦敘，或復舊職典方面。公奏：生者蒙恩已厚矣，唯是遊竄枯骴未被聖澤，請如寇準、曹利用故事，還其所奪官職及本家恩澤。又乞如　祖宗朝每大赦後置看詳編配罪人一司，命官典領，使流竄廢錮之人均被恩施，皆見納用。並出皇朝名臣言行錄

秀州教學老生姓張，名某，學業不甚精，頗有信行，里人服之。忽有一商旅涂中抱疾甚困憊，投宿于張生。張詢其來，但能言其名氏鄉里，云：聞君信義。餘已不能言而斃。張閱其行裝，有金十兩，乃遣人召其妻孥，護屍持金而歸。後生子師中，一舉擢進士第，登朝帶館職，爲京西漕使、尚書工部郎中，卒官。噫！不欺心隱財，享報如此。出王氏談淵

閩人生子多者，至第四子則率皆不舉，爲其貲產不足以贍也。若

女則不待三往往臨蓐以器貯水纔産即溺之謂之洗兒建劍尤甚四明俞偉仲寬宰劍之順昌作戒殺子文召諸鄉父老爲人所信服者列坐廡下以俸置醪醴親酌而侑之出其文使歸諭勸其鄉人無得殺子歲月間活者以千計故生子多以俞爲小字轉運判官曹輔上其事朝廷嘉之就改仲寬一官仍令再任復爲立法推行一路後予奉使於閩與仲寬爲婚家法當避仲寬罷去予嘗至其邑聞仲寬因被差他郡還邑有小兒數百迎於郊雖古循吏蓋未之有也

鄭屯田建中其先本雍人五季時徙家安陸貲鏹鉅萬城中居人多舍客也每大雨過則載瓦以行問有屋漏則補之若舍客自爲之屋亦爲繕補又隆冬苦寒蠲舍緡仍月屯田公晚得一子即侍郎公紆也登進士第官至祠曹前行職爲理寺少列侍郎

有五子，長曰繼[illegible]至朝奉大夫，次即侍讀父毅夫也。皇祐五年魁天下士，三子與孫皆任以官，不繇選調，世祿不絕，陰施之報，蓋不誣矣。並出塵史

天聖中，張文節在政府，國封歲時入見，時莊獻母儀天下，見其二侍婢老且陋，怪其過自貶約，對以丞相不許市妙年者，因勅國封密市二少年女奴，或丞相問，但言吾意。國封遂買二人，首飾服用無慮三十餘萬。一日，文節歸第，二婢拜于庭，文節詢其所自，國封具以告，從容指旁侍二嫗謂夫人曰：此二嫗乃夫人昔日之媵也，今出之亦無所歸，固當終身于此耳。若二姝齒未踰笄，將嫁少年子，向去之事固不可知，若令守一老翁，甚無謂也。雖然，太后聖慈，吾懋然某之志，豈可渝也。他日入見，宜以此懇敷奏。遽召宅老，呼二婢之父兄，對之折券，并衣着首

飾與之俾爲嫁資謂曰若更復顧予人必當送府劾罪。
河東人衆而地狹民家有喪事雖至親悉燔爇取骨燼寄僧舍中
以至積久弃捐乃已習以爲俗韓稚珪鎮并州以官鏹市田數
頃俾州民骨肉之亡者有安葬之地並出倦遊雜録
魏泰云余爲兒童時嘗聞祖母集慶郡夫人言江南有國日有縣
令鍾離君與鄰縣令許君結姻鍾離女將出適買一婢以從嫁
一日其婢執箕箒治地至堂前熟視之地之窊處惻然泣下鍾
離君適見怪問之婢泣曰幼時我家父於此穴地爲毬窩道我
戲劇歲久矣而窊處未改也鍾離君驚曰而父何人婢曰我父
乃兩政前縣令也身死家破我遂落民間而更賣爲婢鍾離君
遽呼牙儈問之復質於老吏具得其實是時許令子納采有日
鍾離君遽以書抵許令而止其子且曰吾買婢得前令之女吾

特怜而悲之。義不可久辱。當輟吾女之奩篚。先求婿以嫁前令之女也。更俟一年。別爲吾女營辦嫁資以歸君子。可乎。許君答書。遽伯玉耻獨爲君子。君何自專仁義。願以前令之女配吾子。然後君別求良奧。以嫁君女。於是前令之女卒歸許氏。祖母語畢。歎曰。此等事前輩之所常行。今則不復見矣。余時尚幼。恨不記二令之名。姑書其事。亦足以激天下之義夫。

范文正公守邠州。暇日帥僚屬登樓置酒。未舉觴。見衰絰數人營理喪具者。公亟令詢之。乃寄居士人卒於邠。將出殯近郊。賵斂棺槨皆所未具。公憮然。即徹宴席。厚賙給之。使畢其事。坐客感歎有泣下者。並出東軒筆録

河東先生柳仲塗少時縱飲酒肆。坐側有書生接語。乃以貧未能葬其父母。將謁魏守王公裕。求資以辦事。先生問費幾何。曰。得

錢二十萬可矣先生曰子姑就舍吾且爲子謀之罄其貲得白金百兩錢數萬以遺之議者以郭代公之義不能遠過（出澠水燕談）

曾魯公亮布衣時遊京師舍於市一夕聞旁舍泣聲悲甚詰朝過而問焉旁舍生顧視左右歔欷久之曰僕頃官于某所因某事負官錢若干吏督之急無以償之乃以其女鬻於商人得其直四十萬錢今去有日此所以泣之悲也公曰謹勿與商人吾欲售之旁舍生曰業已書券取直不可追矣公曰第償其直索其券而火之彼不可則恐之曰吾將訟于官旁舍生然之公即與四十萬錢約曰後三日中以其女來吾且登舟俟若於水門之外旁舍生見商人如公指商人果不敢爭至期而往則公之舟無有也詢旁舟之人乃知公去已三日矣其女後爲士君子配（出曾魯公軼事）

呂文仲歙人爲中丞有陰德咸平中鞫曹南猾民趙諫諫豪於財結士大夫根蔕特固忽御寶封軒裳姓名七十餘輩自中降出皆昔與諫營產買妾者悉令窮治文仲從容奏曰更請察其爲人密籍姓名候舉選對敭之日斥之未晚眞宗從之出玉壺清話

皇朝仕學規範卷第二十九

皇朝仕學規範卷第三十

陰德

李丞相沆有長者譽。一旦僕逋宅金數十千。忽一夕遁去。有女將十歲。[illegible][illegible]格自爲一券繫於帶。願賣於宅以償焉。丞相大惻之。祝夫人曰。願如己子育於室。訓教婦德。俟長成求夫嫁之。至請夫人親結縭以主其婚。然而務在明潔。夫人如所誨。及笄。擇一婿亦頗良。具奩幣歸之。女範果堅白。其二親後歸舊京。聞之感刻心骨。丞相病。夫婦刲股爲羹饋之。至薨。衰絰三年。出湘山野録

許昌士人張孝基娶同里富人女。富人只一子。不肖。斥逐之。富人病且死。盡以家財付孝基。孝基與治後事如禮。久之。其子丐於塗。孝基見之惻然。謂曰。汝能灌園乎。荅曰。如得灌園以就食。何幸。孝基使灌園。其子稍自力。孝基怪之。復謂曰。汝能管庫乎。答曰。得

灌園巳出望外。況管庫又何幸也。孝基使管庫。其子頗馴謹無他過。孝基徐察之。知其能自新。不復有故態。遂以其父所委財產歸之。其子自此治家勵操。爲鄉閭善士。不數年孝基卒。其友數輩游嵩山。忽見旌幢騶御滿野。如守土大臣。竊覘專車者。乃孝基也。驚喜前揖。詢其所以致此。孝基曰。吾以還財之事。上帝命主此山。言訖不見。出洎宅編

王晉公祐事 太祖爲知制誥。 太祖遣使魏州。以便宜付告之曰。使還。與卿王溥官職。時溥爲相也。蓋魏州節度使符彥卿。 太宗夫人之父。有飛語聞于上。祐往別 太宗於晉邸。 太宗卻左右欲與之言。祐徑趨出。祐至魏。得彥卿家僮二人挾勢恣橫。以便宜決配而已。及還朝。 太祖問曰。汝敢保符彥卿無異意乎。祐曰。臣與符彥卿家各百口。願以臣之家

保符彦卿家。又曰。五代之君多因猜忌殺無辜。故享國不長。願
陛下以爲戒。帝嘉其語直。貶護國軍行軍司馬。華州安置。
十年不召。太宗即位。謂輔臣曰。王祜文章之外。別有清節。
朕所自知。以兵部侍郎召。不及見而薨。初祜赴貶時。親朋送於
都門外。謂祜曰。意公作王溥官職矣。祜笑曰。某不做。兒子二郎
者須做。二郎乃文正公旦也。祜素知其必貴。手植三槐于庭曰。
吾子孫必有爲三公者。已而果然。天下謂之三槐王氏云。出邵氏聞見録

陳元植者。粗有家道。好行陰騭。至禽虫皆蒙其惠。將食則百鳥飛
鳴於坐隅。凡十年餘。一夕夢緋衣人謂之曰。爾有陰德及於一
切。然壽命短促。以此當延。宜勉爲之。後果至九十九歲。曾無疾
苦。出古今類事

僕射王公至道。初爲譙幕。因按逃田時。饑而流亡者數千家。公力

謀安集上疏論列乞貸以種粒牛糧朝廷皆從之一夕次蒙城驛夢空中有紫綬象笏者以一緑衣童子遺公曰上帝嘉汝有愛民深心故以此爲宰相子後果生一男公亦拜相信造物賞善之速如此

乖崖公鎮蜀時夢謁紫府眞君接語未久吏忽報云請到西門黄兼濟承事黄幅巾道服眞君降階迎接甚謹且揖乖崖坐黄之下詢顧詳款似有欽嘆之意公翊日命吏請黄君戒令止以常服來比至一如夢中所見遂以告之且問黄有何陰德蒙眞君禮遇如此黄曰無他長但每歲禾麥熟時以三萬緡收糴民或艱食即以元羅斗斛不增價糶之在兼濟初無損於小民則頗有所補乖崖嘆曰此公所以居詠上也命二吏掖持黄坐索公裳拜之

程仁霸攝本州録參眉山有盜蘆菔根者所持刃誤傷主人尉幸賞以劫聞獄掾受賕掠成之公知其寃詰盜曰盡訴寃吾爲直之盜果稱寃遂移獄公直其事而尉掾争不已復移獄竟論殺盜公因罷歸掾尉皆暴死後三十餘年晝日見盜拜庭下曰尉掾未伏待公而決前此地府欲召公暫對我叩頭争之曰不可以我故驚公今公壽已盡我爲公荷擔而往暫對即生人天子孫壽禄朱紫滿門矣公沐浴衣冠就寢而卒東坡幼時聞此言已而其外祖父壽九十舅氏貴顯壽八十五曾孫皆仕有聲同時爲監司者三人元孫官學益盛而掾尉之子孫微矣或謂盜德公之深不忍煩公暫對則可矣而獄久不決豈主者惡之亦因以苦掾尉歟希賞而害人者不可不戒

錢公若水爲同州推官有富民走失一小女奴莫知所在父母以

訴州委録參鞫之其録參舊有求於富民不獲遂劾其父子共殺女奴投屍水中法外凌窘不勝其苦遂自誣伏獄具上于州州委官審覆亦無反異獨若水遲疑録參詣廳詬罵曰豈公受富民錢故求出之乎若水但笑曰今數人當死安可不容某熟察又越旬不決知州亦有語若水終不奪上下皆怪訝一日若水詣知州屏人告曰鄙某所以遲留此獄者蓋慮其冤嘗以家財訪求女奴今得之矣知州驚曰女奴安在若水歸使人密送女奴於知州所知州垂簾呼其父母謂曰汝女今至還識之否曰安有不識即揭簾推出父母喜曰是也於是引出富民釋之富民號泣謝曰非使君某一旦遂至滅門知州曰此乃推官非我也富民急詣推官求謝若水閉門不納富民遶垣而哭歸傾家財飯萬僧以爲若水壽知州欲以其事聞若水不可某初心

止欲拔寃。非敢希賞。萬一敷奏。在其固好。於録參𨚫如何。知州益加敬重未幾。太宗聞之。驟加進擢。自幕職不半年知制誥。又二年爲樞密。時李繼隆與轉運使盧之翰有隙。欲陷之罪。乃檄之云。八月當出師。可速辦芻粟。既而又檄云。八月不利。當以十月。久之。又檄云。賊將入塞。兵以時進。芻粟即日取辦。時芻粟已散。倉卒不可集。繼隆遂劾奏于朝。太宗大怒。立命中使乘騎取三運使首。玉色甚厲。無一敢言。若水從容曰。候事狀明白。誅之未晚。上意亦悟。止黜爲副使。既而虜入塞。事皆虚。繼隆坐是罷其招討。嗚呼。錢公用心如此。過人遠甚。然則録參與夫招討者。誠何心哉。

陳公洎爲開封功曹時。章憲太后臨朝。族人杖殺一卒。公當驗屍。太后遣中使十數輩諭旨。吏惶懼欲以病死聞。洎獨正色曰。彼實冤死。待我而伸。柰何懼罪而驗不以實乎。爾曹但勿預。吾當任咎。乃手自爲牘以白府尹。程琳大喜曰。官人用心如此。前程非琳所及。亟索馬入奏。雖大忤旨。而公論歸之。既而太后原其族人。公亦不及罪。自此遂顯名。不數年歷官臺省。終于三司副使。其孫傳道。履常。皆以詞學爲一時聞人。蓋陰德之報也。今之士大夫多不盡意于此。而致死者冤不得伸。亦豈能無累。

兩浙田稅畝三斗。錢氏國除。朝廷遣王方贄均兩浙雜稅。方贄悉令畝出一斗。使還。責擅減稅。方贄謂畝稅一斗。天下之通法。兩浙既已爲王民。豈當循僞國之法。　上從其說。至今畝稅一斗者。自方贄始。唯江南福建猶舊額。蓋當時無人論列。遂爲永式。方贄尋除右司諫。終於京東轉運使。有五子。臯。准。覃。鞏。罕。准

之子珪爲宰相其他亦多顯者豈非惠民之報歟

王清化修西太一宮有古塚在其北欲毀之一道士再三乞不毀清化遂止是夕其道士夢一大官召謝之人有平夷塚墓以廣園宅者豈獨無禍

大觀中有士人於京師買靴者忽見其父葬時一靴在焉詰之鋪翁云官員攜來修俟其復至可問也有頃其人果來乃士人之父拜之不顧但取靴乘馬而去士人追隨約二三里度力不可及乃呼曰生爲父子何無一言見教其父曰爾可學鎮江太守葛繁士人者遂往謁之備言其事因問繁何以爲幽冥所重繁對曰予始者日行一利人事嗣後或一或三或數四或十今四十餘年未嘗少廢又問何以爲利人事繁指坐間踏子曰此物置之不正則蹷人足予爲正之若人渴予與盃水皆利人事也

但隨其事而利之，上自卿相，下至乞丐，皆可以行。唯在乎常久而已。後有異僧見蔡京在淨土境中，蓋其能以利人爲念，則日用無非利人事矣。

有二士大夫以前程祈夢於京師二相公廟。一人夢持簿者以簿示之云：此乃公同行前程也。視之自小官排至宰相，仍有以朱勾之者。問曰：勾之者何也？曰：此人愛財不義，陽間取此一項，故此間勾此一項。若急改過，尚可至監司。其人聞之，更不敢妄取。後果至監司。

臨南海郡嘗有太守見配至崖州人例止以三百爲率，過其數則投先到者於海中。乃奏白於朝曰：朝廷所以不殺而宥之遠方，若欲生全之也。今推之於海，是復殺之。不若量移先到者入内地，以彰朝廷寬仁之德。蒙可其奏，後生還者莫知其數。太守素無子。一日設香案作拜。若取物而置於懷中者。凡五次。人問之曰。天帝以民活人之功。賜我五男子。後果生五子。皆登第。豈非仁人之言其利博。造物者亦厚其報歟。

有日者苦於貧窮。問計於一得道者。答云。汝向日月邊去。日者思之。乃明字。遂往明州。其術盛行。後復見得道者。問其故。答云。汝前世於彼開井故也。是知衣食有地。皆前生所種之德。故今生受之。況所積之德。有過於開井者耶。

一獄官冬夜苦寒。欲就寢。其妻正色責之曰。尔煖衣飽食。豈知寒不出獄中罪人當如何。其夫大感悟。自此常留意獄訟。此婦人本娼女。未有所生。一夜夢神人以綠衣槐簡付之。後生一子登第

昔太學二士人同年月日時生。又同年發解。過省。二人約受相近差遣。庶彼此得知災福。故一人受鄂州教授。一人授黃州教授。未

幾黄州教授者死鄂州教授爲治後事於柩前祝曰我與公生年月日時同出處又同公先捨我去使我今即死巳後公七日矣若有靈宜託夢以告其夜果夢告云我生於富貴已享用過當故死公生於寒微未曾享用故活以此知人之享用亦不可太過後鄂州教授歷官至典郡豈非聞此警悟恐懼修省而然耶已上出樂善録

皇朝仕學規範卷第三十

陰德　作文

仕學規範

卷三十一至卅四

皇朝仕學規範卷第三十一

陰德

林積南劒人少時入京師至蔡州息旅邸既臥覺床笫間有物逆其背揭蓆視之見一布囊其中有錦囊實以北珠數百顆明日詢主人曰前夕何人宿此主人以告乃巨商也林語之曰此吾故人脫復至幸令來上庠相訪又揭其名于室曰某年某月日劒浦林積假館遂行商人至京師取珠子欲貨則無有急詣故道處處物色之至蔡邸見其榜即還訪林於上庠林具以告曰元珠具在然不可但取可投牒府中當悉以歸商如其教林詣府盡以珠授商府尹使中分之商曰固所願林不受曰使積欲之前日已爲已有矣秋毫無所取商不能強以數百千就佛寺作大齋爲林君祈福林後登科至中大夫生子乂字德新爲吏

部侍郎。

衞仲達字達可。秀州華亭人。爲館職時。因病入冥府。立庭下俟命

有四人坐其上西嚮。少年者呼曰。爲他檢一檢。三人難之。少年

曰。若不檢。如何行遣。三人曰。渠已是合還。何必檢。恐出手不得

爾。少年意不可回。呼朱衣吏諭意。吏捧牙盤而上。中置紅黑牌

二。紅者以金書善字。黑者白書惡字。少年指黑牌。吏持以去。少

焉。數人捧簿書出。盈庭。即有一秤。橫前。兩皆有桙。吏舉簿實東

桙。桙重壓至地。地爲動搖。衞立不能安。三人皆失色。曰。向固云

不可檢。今果爾。柰何。少年亦慘沮有悔意。須臾曰。更與檢善看。

吏又持紅牌去。忽西北隅微明。如落照狀。一朱衣道士捧玉盤

出。四人皆起立。道士至。居中而坐。望玉盤中文書。僅如筯大。吏

持下。實西桙。桙亦壓地。而東桙高舉向空。大風欻起。捲其紙蔽

天如烏鳶亂飛無一存者。四人起相賀，命席延衛坐。衛拱手曰：
仲達年未四十，平生不敢爲過惡，何由簿書充塞如此？少年曰：
心善者惡輕，心惡者惡重，舉念不正，此即書之，何必眞犯也。衛
謝曰：是則然矣，敢問善狀何事也？少年曰：朝廷興工修三山石
橋，君曾上書諫，此乃奏藁也。衛曰：雖曾上疏，朝廷不從，何益於
事？曰：事之在君盡矣，君言得用，豈只活數萬人命，君當位極人
臣，柰惡簿頗多，猶不失八座，勉之。遂遣人導歸，衛後至吏部尚
書。

明州定海縣人蔣員外者，輕財重義，聞子姪中有不肖鬻田産者，
必隨其價買之，既久，度其無以自給，復舉以還，不取錢，已而又
賣，既買又還，至有數四者。嘗泛海欲趨郡，偶柁樓便旋，爲回風
所擊，遂溺水，舟人挽其衣救之，不可制，舟行如飛，方號呼次，遥

見一人冉冉立水上隨風至舟所視之乃蔣也急取之問所以
曰方溺時覺有一物如蓬藉其足適順風吹達相送故得至人
以爲積善報云。

許叔微字知可眞州人家素貧夢人告之曰汝欲登科須積陰德許度力不足惟從事於醫乃可遂留意方書久之所活不可勝計復夢前人來持一詩贈之其詞曰藥有陰功陳樓間處堂上呼盧喝六作五既覺姑記之於牘紹興壬子以第六人登科用升甲恩如第五人得職官其上陳祖言其下樓材夢已先定也

已上出夷堅甲志

張文規字正夫筠州高安人以特奏名入官再調英州司理參軍眞陽縣有民張五者數輩盜牛里人胡達朱圭張運張周孫築保伍追捕之羣盜散走獨張五拒抗不去達殺之而取其貲盜

不得志反以被劫告于縣縣令吳邈欲邀功盡取達圭以下十一人送獄劾以爲強盜殺人鍛鍊備至皆自誣服圭運二人瘐死既上府事下理院文規察因辭色疑不實一問得其情又獲盜牛黨以證獄具胡達以手殺人杖脊餘人但等第杖斷而已圭運乃無罪時元祐七年也吳邈計不行恚忿歸番禺嘔血死文規雪冤獄活十人當得京秩郡守方希覺以其老生無援不剡奏但以舉者遷撫州臨川丞紹聖四年之官明年夏四月癸卯以驗屍感疾遂困勺飲不入口者一月昏不知人四體皆冷喘息不屬醫以爲必死家人環泣待盡越五月辛未忽微作聲索水飲身漸能動大言曰速差人般取船上行李家人以爲狂至夜半神氣始定乃言方病在床聞一人呼云英州下文字即出視之有公吏三四輩曰攝官人照證事吾甚恐不知其由告

以病篤乏力不能行又無公服吏曰彼中自有公服已具舟岸下矣不得已與俱往登舟頃刻間已至英入城視井邑人物歷歷如舊唯市中酒樓不見問左右曰焚之矣吏止之令少待已俟取公案須臾而至問何等文書曰吳邈解胡達案也吾念邈死已久何爲追我方悟已死稍行前入大官府門廡嚴峻戈戟列衛甚整有同行者十餘人將入門一卒持衣冠至服而入或告曰有持水漿來者切勿飲飲則不得還又前至一門衛兵愈盛方士數十皆執斧鉞果有持水至者同行皆飲吾辭以不渴又易茶以來復辭之其人怒曰何爲難伏事也遂復前行追者先入門出引衆俱進見殿宇樓觀金碧相照殿上垂簾皆不敢仰視潛問追者殿上爲誰曰王俄傳呼驅同行者使前旋即擁去最後方及吾聞簾內所問果吳邈事一一以實對王曰吾亦

詳知然必須鄉至結正者。貫審實爾吾。奏曰。臣自勘此獄使十人將死得生獨不蒙朝廷賞勞。敢問其説。王曰。臨川丞即酬賞也。吾曰。准賞格當改合入官。而今但用舉者循資耳。王曰。豈有舉主二人。而遽得丞大邑乎。蓋吾初得三薦章。既赴部。而廣東提刑王彭年者已不可用。不謂冥間知之如此之的。遂奏曰。官職既有定分。願以微功少延壽數。即聞殿上索簿。俄有吏抗聲云。已蒙王判。則見文書自簾出。降付衛者。引吾至所司。遥見吳邈荷校於簾下。而朱圭張運立其傍。吾借書欲觀。衛者不可。曰。至司則見矣。指司吏曰。此濮州舉人也。行己正直明法不第。故死得主判于此。至司。揖吏問所判。吏出示紙尾有添一紀三字。吾佯爲不曉以問吏。吏曰。子宿學老儒。豈不曉一紀之義乎。十二年也。子有雪活十人之功。故王以一紀報子。此人間希有事也適在王所聞子應對王甚喜夫上帝好生而惡殺經云與其殺不辜寧失不經又云好生之德洽于民心凡引此類數十端不能盡記吾從容謂之曰公本貫濮州邪吏愕曰何以知之吾笑曰平生聞濮州大鍾果有之乎（京師人戲語有濮州鍾）吏作色曰此非戲所勿輕言復引出至殿下叩簾奏訖吏舉手令退吾又前白曰適蒙判增一紀今六十七矣計其所增當至七十九然先父壽止七十八豈有人子而壽過其父乎王曰不然人壽短長係乎所修父子雖親不必同也遂拜謝而出見廊下一大門守衛嚴密吏曰都獄門也其間各有獄凡貪淫殺害嚴刑酷法讒譖忠良毀敗善類不問貴賤久近俱受罪于此欲入觀不可望見門内一僧持磬吏曰導冥和尚也凡人寃魄皆此僧導引廊上有欄楯如州縣所謂沙子者其間囚亦多一女子年十七八呼曰

聞官人得歸撫州。煩爲白知州許朝散云。十二娘至今未得生天。願營功果救拔我。朝散將來亦解保舉官人。吾默思許守今年舉狀已盡。安能及我。俄聞傳呼張文規與罪人通語言。驅至王所。王問焉。以實告。王曰。能爲言之。理無所礙。彼此當有利益。吾遂行。恐忘女子之言。又至司。就吏借筆書十二字於臂。急趨出。見元追者引登舟。行至一城。乃南雄州也。有黃衣來報方提舉已死。追至此。乃英守方希覺者。見提舉江西常平。吾猶意其在英時不保奏鞫獄事。走卒妄言悅我以求利。詰其所在。曰。在某所。往求之不見。復登舟。即抵岸。送者推出船。遂寤。視臂間十二字。隱隱若存。時病已經月。腰膂間肉壞見骨。善醫者以水銀粉傅之。肌肉立生。許朝散者。臨川守許中復也。十二娘者。乃其兄之女。聞其事。爲誦佛書。飯僧薦之。而方希覺者。以文規甦後始死蓋氣未絶時精爽已逝矣文規在告幾百日漕司以爲不勝任檄郡守體量將罷之許守具事實保明言病愈已堪釐務乃悟女子所謂保舉及王言彼此利益之説後有客自英來云市樓果爲火所毁明年文規以通直郎致仕大觀二年七十八矣夢一羽衣來去向增壽一紀今數足矣陰君以公在英州嘗權司法斷婦人曹氏斬罪降作絞刑又添半紀矣文規寤而思之曹氏者本罪當斬欲全其首領故以處死定斷既去官刑部駁問以爲失出偶事在赦前又王氏已死無所追正但索印紙批書而已至和四年乃卒年八十三考其再生及夢凡增一紀有半當得十八年而只十六年者蓋自生還之歲至得夢時首尾爲一紀又自夢歲至終年爲半紀云

張成憲字維永監陳州糧料院時宛丘尉謁告暫攝其事捕獲盜

盜兩種合十有五人送于縣具獄未上尉即出參告白郡守求合兩盜爲一冀人數滿品可優得京官郡守素與尉善許諾以諭張張曰尉欲賞無不可若令寬易公牘合二者爲一付有司鍛鍊遷就則成憲不敢爲郡守不能奪尉殊忿懟殆成仇怨後十二年張爲江淮發運司從事設醮茅山夜宿玉宸觀夢其叔告曰陳州事可保無虞但不可轉正郎已而至殿庭殿上王者問曰陳州事尚能記憶否對曰歷歷皆不忘但無案牘可證王曰此中文籍甚明無用證既出見二直符健各抱一錦綳與之曰以此相報張素無子是歲生男女各一人又七年轉大夫官得直祕閣而終並出夷堅乙志

皇朝仕學規範卷第三十一

皇朝仕學規範卷第三十二

作文

眞宗嘗以御製釋典文字法音集三十卷。天禧中。詔學僧二十一人於傳法院箋注。楊大年充提舉注釋院事。製中有六種震動之語。一僧探而箋之。暗碎繁駁。將三百字。大年都抹去自下二句止八字。曰。地體本靜。動必有變。其簡當若此。

夏英公父官於河北。景德中。契丹犯河北。遂没于陣。後公爲舍人丁母憂。起復。奉使契丹。公辭不行。其表云。父没王事。身丁母憂。義不戴天。難下穹廬之拜。禮當枕塊。忍聞禁籞之音。當時以爲四六偶對最精絶者。

丁晉公貶崖時。大臣實有力焉。後十二年。丁以祕監召還光州致仕。時大臣出鎮許田。丁以啓謝之。其畧曰。三十年門館游從。不無事契丹萬里風波往復盡出生成其婉約皆此又自夔漕召還知制誥謝兩府啓二星入蜀雖分按察之權五月渡瀘皆是提封之地後去謹當揣摩往行執躅前修效謹密於孔光不言温木體風流於謝傅且詠蒼苔

小說載盧攜貌陋嘗以文章謁韋宙韋氏子弟多肆輕侮宙語之曰盧雖人物不揚然觀其文章有首尾異日必貴後竟如其言本朝夏英公亦嘗以文章謁盛文肅公文肅曰子文章有館閣氣異日必顯後亦如其言然余嘗究之文章雖皆出於心術而實有兩等有山林草野之文有朝廷臺閣之文山林草野之文則其氣枯槁憔悴乃道不得行著書立言者之所尚也朝廷臺閣之文則其氣温潤豐縟乃道得行著書立言者之所尚也故本朝楊大年宋宣獻宋莒公胡武平所撰制詔皆婉美淳厚過

於前世燕許常楊遠甚。而其爲人亦各類其文章。王安國常語余曰。文章格調須是官樣。豈安國言官樣亦謂有館閣氣耶。又今世樂藝亦有兩般格調。若教坊格調則婉媚風流。外道格調則麤野嘲哳。至於村歌社舞則又甚焉。茲亦與文章相類。已上出皇朝類苑

夫文。傳道而明心也。古聖人不得已而爲之也。既不得已而爲之。又欲乎句之難道耶。又欲乎義之難曉耶。必不然矣。請以六經明之。詩三百篇。皆儷其句。諧其音。可以播管絃。薦宗廟。子之所熟也。書者。上古之書。二帝三王之世之文也。言古文者。無出于此。則曰惠迪吉。從逆凶。又曰。德日新。萬邦惟懷。志自滿。九族乃離。在禮。儒行者。夫子之文也。則曰衣冠中。動作謹。大讓如慢。小讓如僞云云者。在樂則曰。鼓無當於五聲。五聲不得不和。水無

當於五色。五色不得不章。在春秋則全以屬辭比事爲教。不可備引焉。在易則曰乾道成男。坤道成女。日月運行。一寒一暑。夫豈句之難道邪。夫豈義之難曉邪。今爲文而捨六經。又何法焉。若第取其書之所謂吊由靈而易所謂朋合簪者。模其語而謂之古。亦文之弊也。出小畜文集

漢州進士楊交同時獲郡解。携文來謁。公厚禮之。間且謂李畋與張逵曰。漢州楊秀才可惜許一舉及第了。儻更爲文十年。狀元不難得。逵請問之。公曰。昨閱其文。辭旨甚優。氣骨未實。欲期大受。須是功全。是知文章優劣。本乎精神。富貴高卑。在乎彩器。吾以是觀人。十得八九矣。明年交果一舉及第。

公謂畋曰。爲文之要。須是賓主分明。揭塩淨潔。應用如布帛。所須者與之文章如珠玉。不可妄示。與非人。慮有按劍之怒。子宜退

之。並出張乖崖語録

沈隱侯曰：古今儒士爲文，當從三易：易見事，一也；易識字，二也；易讀誦，三也。邢子才嘗曰：沈侯文章用事，不使人覺，若胸臆語。深以此服之。杜工部作詩，類多故實，不似用事者，是皆得作者之奥。樊宗師爲文奥澁不可讀，亦自名家。才不逮宗師者，固不可效其體。劉勰《文心雕龍》論之至矣。出宋文景公雜志

宋子京云：余每見舊所作文章，憎之必欲燒棄。梅堯臣喜曰：公之文進矣。

又云：文章必自名一家，然後可以傳不朽。若體規畫圓，準方作矩，終爲人之臣僕。古人譏屋下架屋，信然。陸機曰：謝朝花於已披，啓夕秀於未振。韓愈曰：惟陳言之務去。此乃爲文之要。出宋子京筆記

歐陽公答徐秘校書云：所寄近著尤佳，論議正宜如此。然著撰苟

多從日更自精擇少去其繁則峻潔矣然不必勉強勉強簡節
之則不流暢須待自然之至如其當宜在心也
又云作文之體初欲奔馳久當收節使簡重嚴正或時肆放以自
舒勿爲一體則盡善矣並出廬陵文集
某嘗患近世之文辭弗顧於理理弗顧於事以襞積故實爲有學
以雕繪語句爲精新譬之擷奇花之英積而玩之雖光華馨采
鮮縟可愛求其根柢濟用則蔑如也出臨川文集
曾南豐與王介甫書云歐公更欲足下少開廓其文勿用造語及
模擬前人歐云孟韓文雖高不必似之也取其自然耳出元豐
類稿
先生與僕論作史之法先生曰新唐書敘事好簡略其辭故其事
多鬱而不明此作史之敝也且文章豈有繁簡也意必欲多則

冗長而不足讀。必欲其簡。則僻澁令人不喜讀。假令新唐書載卓文君事。不過止曰少嘗竊卓氏以逃。如此而已。班固載此事乃近五百字。讀之不覺其繁也。且文君之事。亦何補於天下後世哉。然作史之法。不得不如是。故可謂之文。如風行水上。出於自然也。若不出於自然而有意於繁簡。則失之矣。唐書進表云。其事則增於前。其文則省於舊。且新唐書所以不及兩漢文章者。其病正在此兩句也。又反以為工。何哉。然新舊唐史各有長短。未易優劣也。出元城先生語錄

徐公仲車曰。凡人為文。必出諸己而簡易。乃為佳耳。為文正如為人。若有辛苦態度。便不自然。

為文必學春秋。然後言語有法。近世學者多以春秋為深隱不可學。蓋不知者也。且聖人之言。曷嘗務奇險。求後世之不曉。趙啖

曰春秋明白如日月。簡易如天地。此最為至論。
某少讀貨殖傳見所謂人棄我取人取我與。遂悟為學法。蓋學能知人所不能知。為文能用人所不能用。斯為善矣。
文字須渾成而不斷續。滔滔如江河。斯為極妙。若退之近之矣。然未及孟子之一二。
人當先養其氣。氣全則精神全。其為文則剛而敏。治事則有果斷。所謂先立其大者也。故凡人之文必如其氣。班固之文可謂新美。然體格和順。無太史公之嚴。近世孫明復及徂徠公之文。雖不若歐陽之豐富新美。然自嚴毅可畏。已上出節孝先生語
蘇明允上田樞密書云。曩者見執事於益州。當時之文淺狹可笑。饑寒窮困亂其心。而聲律記問又從而破壞其體。不足觀也。凡數年來。退居草野。自分永棄。與世俗日疎闊。得以大肆其力於

文章詩人之優柔騷人之清深孟韓之溫淳遷固之雄剛孫吳之簡切投之所嚮無不如意常以爲董生得聖人之經其失也流而爲迂晁錯得聖人之權其失也流而爲詐有二子之才而不流者其惟賈生乎

明允上歐陽公書云執事之文章天下之人莫不知之然竊以爲某之知特深愈於天下之人何者孟子之文語約而意深不爲巉刻斬絶之言而其鋒不可犯韓子之文如長江大河渾浩流轉魚黿蛟龍萬怪遑惑而抑絶蔽掩不使自露而人望見其淵然之光蒼然之色亦自畏避不敢迫視執事之文紆餘委備往復萬折而條達疏暢無所間斷氣盡語極急言竭論而容與閑易無艱難辛苦之態此三者皆斷然自爲一家之文也

東坡云某生好爲文思之至深以爲文者氣之所形然文不可以

學而能。氣可以養而致。

與姪帖云。二郎得書知汝安并議論可喜。書字亦進。文字亦若無難處。止有一事與汝説。凡文字少小時須令氣象崢嶸。采色絢爛。漸老漸熟。乃造平淡。其實不是平淡。乃絢爛之極也。汝只見爹伯而今平淡。一向只學此樣。何不取舊日應舉時文字看。高下抑揚。如龍蛇捉不住。當且學此。書字亦然。善思吾言。

東坡云。頃歲孫莘老識文忠公。乘間以文字問之。云無他術。唯勤讀書而多爲之自工。世人患作文字少。又懶讀書。每一篇出。即求過人。如此少有至者。疵病不必待人指擿。多作自能見之。此公以其嘗試者告人。故尤有味。

答李豸書云。惠示古賦近詩。詞氣卓越。意趣不凡。甚可喜也。但微傷冗。後當稍收斂之。今未可也。足下之文。正如川之方增。極其

所至霜降水落自見涯涘然不可不知也

與謝師民書云示文觀之熟矣大略如行雲流水初無定質但常行於所當行常止於不可不止文理自然姿態橫生孔子曰言之不文行之不遠又曰辭達而已矣夫言止於達意疑若不文是大不然求物之妙如繫風捕影能使是物了然於心者蓋千萬人而不一遇也而況能使了然於口與手者乎是之謂辭達辭至於能達則文不可勝用矣已上出三蘇文集

皇朝仕學規範卷第三十二

皇朝仕學規範卷第三十二

作文

山谷荅外甥洪駒父書云學功夫已多讀書貫穿自當造平淡且置之可勤讀董賈劉向諸文字學作議論文字更取蘇明允文字讀之古文要氣質渾厚勿太雕琢

謂王子飛云陳履常作文深知古人之關鍵其論事救首尾如常山之蛇時輩未見其比公有意於學者不可不往掃斯人之門古人云讀書十年不如一詣習主簿端有此理

與王觀復書云所送新詩皆興寄高遠但語生硬不諧律呂或詞氣不逮初造意時此病亦只是讀書未精博耳長袖善舞多錢善賈不虛語也南陽劉勰嘗論文章之難云意飜空而易奇文證實而難工此語亦是沈謝輩爲儒林宗主時好作奇語故後

生立論如此好作奇語自是文章病但當以理爲主理得而辭順文章自然出羣拔萃觀杜子美到夔州後詩韓退之自潮州還朝後文章皆不煩繩削而自合矣往年嘗請問東坡先生作文章之法東坡云但熟讀禮記檀弓當得之既而取檀弓二篇讀數百過然後知後世作文章不及古人之病如觀日月也文章蓋自建安以來好作奇語故其氣象衰苶其病至今猶在唯陳伯玉韓退之李習之近世歐陽永叔王介甫蘇子瞻秦少游乃無此病耳

謂洪駒父云諸文亦皆好但少古人繩墨耳可更熟讀司馬子長韓退之文章凡作一文皆須有宗有趣終始關鍵有開有闔如四瀆雖納百川或匯而爲廣澤汪洋千里要自發源注海耳

謂王立之云若欲作楚詞追配古人直須熟讀楚詞觀古人用意

曲折處講學之。然後下筆。譬如巧女文繡妙一世。若欲作錦。必
得錦機。乃能成錦爾。
與王觀復書云。所寄釋權一篇。詞筆縱横。極見日新之效。更須治
經。深其淵源。乃可到古人耳。青瑣祭文語意甚工。但用字時有
未安處。自作語最難。老杜作詩。退之作文。無一字無來處。蓋後
人讀書少。故謂韓杜自作此語耳。古之能爲文章者。真能陶冶
萬物。雖取古人之陳言入於翰墨。如靈丹一粒。點鐵成金也。文
章最爲儒者末事。然須索學之。又不可不知其曲折。幸熟思之。
至於推之使高。如泰山之崇。崛如垂天之雲。作之使雄壯。如滄
江八月之濤。海運吞舟之魚。又不可守繩墨。令儉陋也。已上出南昌文集
曾南豐辟陳無己。邢和叔爲　英宗皇帝實録檢討官。初呈草
無己便蒙許可。至邢乃遭横筆。又微聲數稱亂道。邢尚氣踞以

請曰：願善誘。南豐笑曰：措辭自有律令，一不當，即是亂道。請公讀，試爲公隱括。那疾讀至百餘字，南豐曰：少止。涉筆書數句，那復讀，南豐應口以書，略不經意。既畢，授歸就編，凡閱數十過，終不能有所增損，始大服。自爾識關鍵，以文章軒輊諸公間。出陳後山文集序

沈存中云：韓退之集中羅池神碑銘有「春與猿吟兮秋與鶴飛」，今驗石刻，乃「春與猿吟兮秋鶴與飛」。古人多用此格，如楚詞「吉日兮辰良」，又「蕙肴烝兮蘭藉，奠桂酒兮椒漿」，蓋欲相錯成文，則語勢矯健耳。出筆談

陳後山云：永叔謂爲文有三多：看多，做多，商量多也。

余以古文爲三等：周爲上，七國次之，漢爲下。周之文雅；七國之文壯偉，其失騁；漢之文華贍，其失緩。東漢而下無取焉。

莊荀皆文士而有學者。其說論成相賦篇與屈騷何異。揚子雲之文好奇而卒不能奇也。故思苦而詞艱。善爲文者因事以出奇。江河之行順下而已。至其觸山赴谷。風搏物激。然後盡天下之變。子雲唯好奇。故不能奇也。

寧拙毋巧。寧朴毋華。寧粗毋弱。寧僻毋俗。詩文皆然。已上出後山詩話

李方叔云。常言俗語。文章所忌。要在斷句清新。令高妙出羣。須衆中拈出時。使人人讀之。特然奇絶者。方見工夫也。又不可使言語有塵埃氣。唯輕快玲瓏。作文時。先取古人者再三。直須境熟。然後沉思格體。看其當如何措置。却將欲作之文。暗裏鋪摹經畫了。方敢下筆。踏古人蹤跡。以取句法。既做成。連日改之。十分改就。見得別無瑕疵。再將古人者又讀數過。看與所作合與不合。若不相遠。不致乖背。方寫淨本。出示他人。貴合衆論。非獨耐

看。兼少問難耳。人之爲文。切忌塵坌。須是一言一句。動衆駭俗。使人知其妙意新語。中心降歎不厭諷味。方成文字也。

凡文章之不可無者有四。一曰體。二曰志。三曰氣。四曰韻。述之以事。本之以道。考其理之所在。辨其義之所宜。庳高巨細。包括并載而無所遺。左右上下。各若有職而不亂者。體也。體立於此。折衷其是非。去取其可否。不徇於流俗。不謬於聖人。抑揚損益以稱其事。彌縫貫穿以足其言。行吾學行之力。從吾制作之用者。志也。充其體於立意之始。從其志於造語之際。生之於心。應之於言。心在和平。則溫厚典雅。心在安敬。則矜莊威重。大焉可使如雷霆之奮。鼓舞萬物。小焉可使如絡脉之行。出入無間者。氣也。如金石之有聲。而玉之聲清越。如草木之有華。而蘭之臭芬薌。如雞鶩之間而有鶴。清而不羣。犬羊之間。而有麟。仁而不猛。

如登培塿之丘以觀崇山峻嶺之秀色涉潢汙之澤以觀寒溪澄潭之清流如朱絃之有遺音大羹之有遺味者韻也文章之無體譬之無耳目口鼻不能成人文章之無志譬之雖有耳目口鼻而不知視聽臭味所能若土木偶人形質皆具而無所用之文章之無氣雖知視聽臭味而血氣不充於内手足不衞於外若奄奄病人支離顚頓生意消削文章之無韻譬之壯夫其軀幹枵然骨強氣盛而神色昏瞢言動凡濁則庸俗鄙人而已有體有志有氣有韻夫是之謂成全四者成全然於其間各因天姿才品以見其情狀故其言迂疎矯厲不切事情此山林之文也其人不必居藪澤其間不必論巖谷也其氣與韻則然也其言鄙俚猥近不離塵垢此市井之文也其人不必坐廛肆其間不必論財利也其氣與韻則然也其言豐容安豫不儉不陋

此朝廷卿士之文也。其人不必列官寺。其間不必論職業也。其氣與韻則然也。其言寬仁忠厚。有任重容天下之風。此廟堂公輔之文也。其人不必位台鼎。其間不必論相業也。其氣與韻則然也。正直之人。其文敬以則。邪諛之人。其言夸以浮。功名之人。其言激以毅。苟且之人。其言懦以愚。捭闔從横之人。其言辯以私。刻核忮忍之人。其言深以盡。則士欲以文章顯名後世者。不可不謹其所言之文。不可不謹乎所養之德也。如此。

又云東坡教人讀戰國策。學說利害。讀賈誼晁錯趙充國章疏。學論事。讀莊子。學論理性。又須熟讀論語孟子檀弓。要志趣正當。讀韓柳。令記得數百篇。要知作文體面。

爲文不可率易。恐慣了人。不見工夫處。

史記其意深遠則其言愈緩其事繁碎則其言愈簡此詩春秋之義也已上出方叔文集

爲文要有温柔敦厚之氣對人主語言及章疏文字温柔敦厚尤不可無蓋君子之所養要令暴慢邪僻之氣不役於身體出龜山語録

唐子西云凡爲文上句重下句輕則或爲上句壓倒晝錦堂記云仕宦而至將相富貴而歸故鄉下云此人情之所榮而今昔之所同也非此兩句莫能承上句居士集序云言有大而非夸此雖只一句而體勢則甚重下乃云學者信之衆人疑焉非用兩句亦載上句不起韓退之與人書云泥水馬弱不敢出不果鞠躬親問而以書若無而以書三字則上重甚矣此爲文之法也

又云古之作者初無意於造語所謂因事以陳辭如北征一篇直

紀行役耳。忽玄或紅如丹砂。或黒如點漆。雨露之所濡甘苦齊

續費此類是也。文章只如人作家書乃是。並出唐子西語録

皇朝仕學規範卷第三十三

皇朝仕學規範卷第三十四

作文

晁以道言近見東坡說凡人作文字須是筆頭上挽得數萬斤起可以言文字也余曰豈非與來筆力千鈞重乎出王歸叟詩文發源

古語云大匠不示人以璞蓋恐人見其斧鑿痕迹也黃魯直於相國寺得宋子京唐史藁一冊歸而熟觀之自是文章日進此無他見其竄易句字與初造意時不同而識其用意處也讀歐公文疑其自肺腑流出而無斲削工夫及見其草逮其成篇與始落筆十不存五六者乃知爲文不可容易班固云急趨無善步良有以也出曲洧舊聞

李格非善論文章嘗曰諸葛孔明出師表劉伶酒德頌陶淵明歸去來詞李令伯乞養親表皆沛然如肺肝中流出殊不見斧鑿

痕是數君子在後漢之末兩晉之間初未嘗欲以文章名世而其詞意超邁如此是知文章以氣爲主氣以誠爲主。

王文公居鍾山有客自黄州來公曰東坡近日有何作對曰東坡宿於臨皋亭醉夢中而起作寶相藏記千餘言才點定一兩字而已有墨本適留舟中公遣徤步往取而至時月出東方林影在地公展讀於風簷喜見鬚眉曰子瞻人中龍也然有一字未穩客請願聞之公曰日勝日負不若日勝日貧耳東坡聞之撫掌大笑以公爲知言。並出冷齋夜話

歐陽文忠公每爲文既成必自竄易至有不留本初一字者其爲文章則書而傳之屋壁出入觀省之至于尺牘單簡亦必立藁其精審如此每一篇出士大夫皆傳寫諷誦唯覩其渾然天成莫究斧鑿之跡也。

楊文公凡爲文章所用故事常令子姪諸生檢討出處每段用小片紙録之。文既成則綴粘所録而蓄之時人謂之衲被焉。並出呂氏家塾記

周恭叔謝范内翰書云昔之君子無意於爲文蓋嘗養其文之所自出者不使好惡憂患忿懥恐懼一動於中故其心正則氣全。愚謂六經之文聖賢之事業皆由此其選也。出恭叔文集

王侍郎剛中語云文字使人擊節賞歎未如使人肅然生敬。

張茂先稱左思三都賦使讀之者盡而有餘久而更新此最是作文字好處未知左思果能爾耶。

林文節公子中言讀孟子而悟文章法嘗云以釜甑爨以鐵耕乎。他人書此不知當幾百言也黃端冕纓去輕煖不足於體歟亦不減此。

古人因意生文故自然文彩照映令人直鑿空造作之語爾雖華麗不足貴也

讀人文字便欲篇篇出人意表自下筆則每自恕是大惑也正當反此乃佳

章叔度憲云每下一字俗間言語無一字无來處此陳無已黄魯直作詩法也

下字有倒用語格力勝者如吉日兮辰良必我也爲漢患者

凡爲文章皆須凡例先定如張安道作蘇明允墓表或曰蘇君或曰先生或曰明允言歐陽永叔或名或字皆凡例不先定致輕重不等已上出步里客談

古人學問必有師友淵源漢楊惲一書迥出當時流輩則司馬遷外甥故也

老坡作文工於命意必超然獨立於衆人之上如趙清獻碑世間稱治人者曰寬立朝者曰直蓋已大矣則進於二者又有說焉故曰其於治郡不專於寬時出猛政嚴而不殘其在朝廷不專於直爲國愛人掩其疵疾如吾家蜀公堅卧不起人知其高而不稱其用則爲碑銘曰世皆謂公貴身賤名孰知其功聖人之清然後知其有功於世也又曰君實之用出而時施如彼水火寧除渴饑公雖不用亦相其行如彼山川出雲相望然後知其相爲表裏廢一不可也此皆非世人所能到者平日得意處多如此其源蓋出於莊子故其論劉伶莊子阮千里閻立本皆於世人意外别出眼目其平日取捨文章亦多以此爲法並出潛溪詩眼

予近作示客云刺美風化緩而不迫謂之風采摭事物摛華布體謂之賦推明政治莊語得失謂之雅形容盛德揚勵休功謂之

頌。幽憂憤悱寓之比興謂之騷。感觸事物託於文章謂之辭。程事較功考實定名謂之銘。援古刺今箴戒得失謂之箴。猗迂抑揚永言謂之歌。非鼓非鍾徒歌謂之謡。步驟馳騁斐然成章謂之行。品秩先後叙而推之謂之引。聲音雜比高下短長謂之曲。吁嗟慨歌悲憂深思謂之吟。吟詠情性總合而言志謂之詩。蘇李而上高簡古澹謂之古。沈宋而下法律精切謂之律。此詩之衆體也。帝王之言出法度以制人者謂之制。絲綸之語若日月之垂照者謂之詔。制與詔同詔亦制也。道其常而作彝憲者謂之典。陳其謀而成嘉猷者謂之謨。順其理而迪之者謂之訓。屬其人而告之者謂之誥。即師衆而申之者謂之誓。因官使而命之者謂之命。出於上者謂之教。行於下者謂之令。時而戒之者。勑也。言而喻之者宣也。諮而揚之者賛也。登而崇之者册也。言其倫而析之者。論也。度其宜而揆之者。議也。别嫌疑而明之者。辨也。正是非而著之者。説也。記者。記其事也。紀者。紀其實也。書者。續而述焉者也。策者。條而對焉者也。傳者。傳而信之也。序者緒而陳之也。碑者。披列事功而載之金石也。碣者。揭示操行而立之墓隧也。誄者。累其素履而質之鬼神也。誌者。識其行藏而謹其終始也。檄者。激發人心而喻之禍福也。移者。自近移遠。使之周知也。表者。布臣子之心。致君父之前也。牋者。修儲后之問。伸宫闈之儀也。簡者。質言之而略也。啓者。文言之而詳也。狀者。言之公上也。牒者。用之於官府也。捷書。不緘插羽而傳之者。露布也。尺牘。無封指事而陳之者。劄子也。青黄黼黻。經緯以相成者。總謂之文也。此文之異名。客有問古今體制之不一者。勞於應荅。乃著之篇以示焉。出珊瑚鈎詩話

士大夫作小說雜說所聞見以爲游戲而或者暴人之短私爲喜怒此何理哉世傳碧雲騢一卷爲梅聖俞作歷詆慶曆以來公卿隱過雖范文正公亦不免議者遂謂聖俞游諸公間官竟不達懟而爲此以報之君子成人之美正使萬有一不至爲賢者諱況未必有實聖俞賢者豈至是哉後聞乃襄陽魏泰所爲託之聖俞也豈特累諸公又將以誣聖俞歐陽文忠公歸田錄自言以唐李肇爲法而少異者不記人之過惡君子之用心當如此也出石林避暑録

孫元忠朴學士嘗問歐陽公爲文之法公去於吾姪豈有惜只是要熟耳變化姿態皆從熟處出也

呂居仁云老蘇嘗自言升裏轉斗裏量因聞此遂悟文章妙處文章紆餘委曲說盡事理惟歐陽公爲得之至曾子固加之字字

有法度。無遺恨矣。文章有本末首尾。元無一言亂說。觀少游五十策可見。

又云。孟子或問百里奚自鬻於秦一章。與韓退之論思元賓而不見。見元賓之所與者。猶吾元賓也。及曾子固荅李沿書。最見抑揚反覆處。如此等類。宜皆詳讀。

歐陽公謂退之爲樊宗師墓誌便似樊文其始出於司馬子長爲長卿傳。如其文。惟其過之。故兼之也。

居仁云。文章須要說盡事情。如韓非諸書。大略可見。至於一唱三歎有遺音者。則非有所養不能也。如論語禮記文字。簡淡不厭。似非左氏所可及也。列子氣平文緩。亦非莊子步驟所能到也。東坡晚年叙事文字。多法柳子厚。而豪邁之氣。非柳所能及也

張文潛云。詩三百篇。雖云婦人女子小夫賤隸所爲。要之非深於

文章者不能作。如七月在野。至入我床下。於七月以下皆不道破。直至十月方言蟋蟀。非深於文章者能爲之邪。已上出呂氏童蒙訓

皇朝仕學規範卷第三十四

作文作詩

仕學規範

卷卅五至卅七

皇朝仕學規範卷第三十五

作文

呂居仁云。東坡三馬贊。振鬣長鳴。萬馬皆瘖。此皆記不傳之妙。學文者能涵泳此等語。自然有入處。

左氏之文。語有盡而意無窮。如獻子辭梗陽人一段。所謂一唱三歎有遺音者也。如此等處。皆是學文養氣之本。不可不深思也。

班固敘事詳密有次第。專學左氏。如敘霍上官相失之由。正學左氏記秦穆晉惠相失處也。

孫子十三篇。論戰守次第。與山川險易長短小大之狀。皆曲盡其妙。摧高發隱。使物無遁情。此尤文章妙處。

讀三蘇進策。涵養吾氣。他日下筆。自然文字霶霈。無吝嗇處。

韓退之文。渾大廣遠難窺測。柳子厚文。分明見規摹次第。初學者當先學柳文後熟韓文則工夫自易。

張文潛嘗云。但把秦漢以前文字熟讀。自然滔滔地流也。又云。近世所當專學者惟東坡。

古人文章。一句是一句。句句皆可作題目如尚書。可見後人文章累千百言不能就一句事理。只如選詩有高古氣味。自唐以下。無復此意。此皆不可不知也。

文章不分明指切。而從容委曲辭不迫切。而意以獨至。惟左傳爲然。如當時諸國往來之辭。與當時君臣相告相誚之語。蓋可見矣。亦是當時聖人餘澤未遠。涵養自別。故辭氣不迫如此。非後世人專學言語者也。

讀莊子。令人意寬思大敢作。讀左傳。便使人入法度不敢容易。此二書不可偏廢也。近世讀東坡魯直詩亦類此。

文章大要須以西漢爲宗。此人所可及也。至於上面一等。則須審己才分。不可勉強作也。如秦少游之才。終身從東坡步驟。次第止宗西漢。可謂善學矣。

檀弓云。南宮縚之妻之姑之喪。三之不能去其一。進使者而問故。夫子之所以問使者。使者之所以荅夫子。一進字足矣。豐不餘一言。約不失一辭。諒哉。

陸士衡文賦云。立片言以居要。乃一篇之警策。此要論也。文章無警策則不足以傳世。蓋不能竦動世人。如老杜及唐人諸詩。無不如此。但晉宋間人專致力於此。故失於綺靡而無高古氣味。老杜詩云。句不驚人死不休。所謂驚人句。即警策也。

漢高紀詔令雄健。孝文紀詔令溫潤。去先秦古書不遠。後世不能及。至孝武紀。詔令始事文采。文亦寖衰矣。

醫書論脉之形狀。病之證驗。無一字妄發。乃於借物爲諭。尤見工
夫。大抵見之既明。則發之於言語自然分曉。觀此等書可見。
又云。東坡云。意盡而言止者。天下之至言也。然而言止而意不盡
尤爲極至。如禮記左氏可見。
韓退之荅李翺書。老蘇上歐公書。最見爲文養氣妙處。西漢自王
褒以下。文字專事詞藻。不復簡古。而谷永等書。雜引經傳。無復
己見。而古學遠矣。此學者所宜深戒。
檀弓與左氏紀太子申生事。詳略不同。讀左氏。然後知檀弓之高
遠也。
作文必要悟入處。悟入必自工夫中來。非僥倖可得也。如老蘇之
於文。魯直之於詩。蓋盡此理矣。
老杜云。新詩改罷自長吟。文字頻改。工夫自出。

學者須做有用文字。不可盡力虛言。有用文字。議論文字。是也。議論文字。須以董仲舒劉向爲主。禮記周禮及新序說苑之類。皆當貫穿熟考。則做一日便有一日工夫。近世文字如曾子固諸序尤須詳味。已上出呂氏童蒙訓

張子韶云。文字有眼目處。當涵泳之。使書味存于胸中。則益矣。韓子曰。沉浸醲郁。含英咀華。正謂此也。

又云。歐陽公之文粹如金玉。東坡之文。浩如河漢。盛矣哉。

又云。書猶麴糵。學者猶秫稻。秫稻必得麴糵。則酒醴可成。不然。雖有秫稻。無所用之。今所讀之書。有其文雄深者。有其文典雅者。有富麗者。有俊逸者。合是數者。雜然列于胸中。而咀嚼之。猶以麴糵和秫稻也。醞釀既久。則凡發於文章。形於議論。必自然秀絕過人矣。故經史之外。百家文集。不可不觀也。

人云歐公五代史其間議論多感歎又多設疑蓋感歎則動人設疑則意廣此作文之法也已上出張橫浦日新

四六之工在於裁剪若全句對全句亦何以見工四六以經語對經語史語對史語詩語對詩語方妥帖

太祖郊祀陶穀作赦文不以籩豆有楚對黍稷非馨而曰瓦籩陳有楚之儀黍稷奉惟馨之薦近世王初寮在翰苑作寶籙宮青詞云上天之載無聲下民之虐匪降時人許其裁剪

王荊公在金陵有中使傳宣撫問并賜銀合茶藥令中外各作一表既具藁無可於公意者公乃自作今見集中其詞云信使恩言有華原隰寶奩珍劑增賁丘園蓋五事見四句中言約意盡衆以爲不及也

王岐公在中書最久生日例有禮物之賜集中謝表其用事多同

而語不蹈襲。唐李衛公作文箴譬諸日月。雖終古常見。而光景常新。

四六全在編類古語。唐李義山有金鑰。宋景文有一字至十字對。司馬文正亦有金桴。王歧公最多。

靖康間。劉觀中遠作百官賀　徽廟還京表云。漢殿上皇。本是野田之叟。唐朝肅帝。又非揖遜之君。何㮚文縝時爲中書侍郎。索筆塗之。用此二事。别作一聯云。擁篲却行。陋未央之過禮。執鞚前引。笑靈武之曲恭。文縝以四六知名。其謝召還表云。兩曾參之是非。浮言猶在。一王尊之賢佞。更世乃明。已上出四六談麈

凡爲文須要有主客。先識主客。然後成文字。如今作文。須當使一件故事。後却以已說佐之。此是不知主客也。須是先自已意。然後以故事佐吾說。方可。

古人用故事當頭便使者必有疑難或與已説異故便用引話頭出已見到這田地方喚做不隨人脚根轉

凡爲文章須是文字外別有一物主之方爲高勝韓愈之文濟以經術杜甫之詩本於忠義太白妙處有輕天下之氣此衆人所不及也

作文字須認體位謹布置如大匠掄材各着色額廳堂亭榭等屋材料制度色色區別不可一律如大廳材料不可作亭榭使用也已上出蒲氏漫齋語録

東坡在儋耳時葛延之自江陰擔簦萬里絶海往見留一月坡嘗誨以作文之法曰儋州雖百家之聚州人所須取之市而足然不可徒得也必有一物以攝之然後爲已用所謂一物者錢是也作文亦然天下之事散在經子史中不可徒使必得一物以

擷之然後爲已用。所謂一物者意是也。不得錢不可以取物。不得意不可以用事。此作文之要也。延之拜其言而書諸紳。出韻語陽秋

作文他人所詳者我略他人所略者我詳。若用言語。必不得已只與殿過。

須做過人工夫。方解做過人文字。如何操筆。便會做好文字。

看文字須要看他過換處。及接處。

綴文字須要精神。不要閑言語。

文字不必多用事。只用意便得。

文字貴曲折斡旋。

文字一意貴生段數多。

凡做文字。每段結處。必要緊切可以動人言語。凡造語。不要塵俗

熟爛。

凡作簡短文字必要轉處多。凡一轉必有意思則可。

大抵做文字不可放令慢。轉處不假助語而自連接者為上。然會做文字者亦時一用之於所當用也。

文字若緩。須多看雜文。雜文須看他節奏緊處。若意思新。轉處多。則自然不緩。善轉者如短兵相接。蓋謂不兩行又轉也。講題若轉多恐碎了文字。須轉雖多。只是一意方可。若使覺得碎則不成文字。若鋪敘處間架令新不陳。多警策句。則亦不緩。

凡作文須要言語健。須會振發轉換。亦不要思量遠過。纔過便晦。

文字有三等。上焉藏鋒不露。讀之自有滋味。中焉步驟馳騁。飛沙走石。下焉用意庸庸。專事造語。

鼓氣以勢壯為美。勢不可以不息。不息則流宕而忘返。亦猶絲

繁奏必有希聲窈眇聽之者悅聞如川流迅激必有洄洑逶迤觀之者不厭。已上出麗澤文說

皇朝仕學規範卷第三十五

皇朝仕學規範卷第三十六

作詩

許許昌荅書生贈詩百首如一首卷初如卷終譏其不能變態也大抵屑屑較量屬句平匀不免氣骨寒局殊不知詩家要當有情致抑揚高下使氣宏拔又用事能破觚爲圓剉剛成柔始爲有功者昔人所謂縛虎手也 出皇朝類苑

孫公昔與杜挺之梅聖俞同舟遡汴見聖俞吟詩日成一篇衆莫能和因密伺聖俞如何作詩蓋寢食遊觀未嘗不吟諷思索也時時於坐上忽引去奮筆書一小紙内筭袋中同舟竊取而觀皆詩句也或半聯或一字他日作詩有可用者入之有云作詩無古今惟造平淡難乃筭袋中所書也 出孫氏談圃

作詩切不可斥言事至於美人亦不可斥言試觀詩之風雅頌所

美所刺未嘗不婉順而歸之於正。出節孝先生語

陶淵明詩所不可及者沖澹深粹出於自然若曾用力學然後知淵明詩非着力之所能成。

羅仲素問詩如何看曰詩極難卒說大底須要人體會不在推尋文義在心爲志發言爲詩情動於中而形於言言者情之所發也今觀是詩之言則必先觀是詩之情如何不知其情則雖精窮文義謂之不知詩可也子夏問巧笑倩兮美目盼兮何謂也子曰繪事後素曰禮後乎孔子以謂可與言詩如此全要體會何謂體會且如關雎之詩詩人以興后妃之德蓋如此也須當想象雎鳩爲何物知雎鳩爲摯而有別之禽則又想象關關爲何聲知關關之聲爲和而通則又想象在河之洲是何所在知河之洲爲幽閒遠人之地則知如是之禽其鳴聲如是而又居

幽閒遠人之迹，則后妃之德可以意曉矣。是之謂體會。惟體會得，故看詩有味。至於有味，則詩之用在我矣。並出龜山語錄

古人作詩，正以風調高古爲主。雖意遠語疎，皆爲佳作。後人有切近的當，氣格凡下者，終使人可憎。

有道之士，胸中過人，落筆便造妙處。彼淺陋之人，雕琢肝肺，不過僅能嘲風弄月而已。並出李希聲詩話

陳去非謂予曰：秦少游詩如刻就楮葉，陳無已詩如養成內丹。又曰：凡詩人，古有柳子厚，今有陳無已而已。又曰：崔鶠能詩，或問作詩之要，荅曰：但多讀而勿使，斯爲善。出洎宅編

昔人有言：人有三百四病，馬有三百八病。詩病多於馬病，信哉。高子勉能詩，涪翁與之詩云：更能識詩家病，方是我眼中人。此亦苦口也。出吳子書詩話

世人常言老杜讀盡天下書。過矣老杜能用所讀之書耳。彼徒見其語有讀書破萬卷。下筆如有神。萬卷人誰不讀。下筆未必有神。出陳輔之詩話

舊說皎然欲見韋蘇州。恐詩體不合。遂作古詩投之。蘇州一見。大不滿意。繼而皎然復獻舊詩。蘇州大稱賞曰。幾誤失大名。何不止以所長見示。而輒希老夫之意。且蘇州詩格如此高古。而皎然卒然傚之。宜乎不逮也。士欲迎合者以此少戒。出嬾眞子録

東坡詩不可指摘輕議。辭源如長河大江。飄沙卷沫。枯槎束薪。蘭舟繡鷁。皆隨流矣。珍泉幽澗。澄潭靈沼。可愛可喜。無一點塵滓。只是體不似江河。讀者幸以此意求之。

作詩淺易鄙陋之氣不除。大可惡。客問何從去之。僕曰。熟讀唐李義山詩與本朝黃魯直詩而深思焉。則去也。並出許彥周詩話

劉貢父云詩以意義爲主文詞次之或意深義高雖文詞平易自是奇作世人見古人詩句平易倣傚之而不得其意義隨入鄙野可笑盧仝詩有不唧𠺕鈍漢非其篇前後意義自可掩口矣寧可效之耶出分門詩話

王介甫嘗論杜詩云無人覺來往下得覺字大好瞑色赴春愁下得赴字大好若下見字起字即小見言語足見吟詩要一字兩字工也

詩文用故事有直用其事者有反其意而用之者王元之謫守黄岡謝表云宣室鬼神之問豈望生還茂陵封禪之書唯期死後此一聯每爲人所稱道然皆直用賈誼相如之事耳李義山詩云可憐半夜虚前席不問蒼生問鬼神雖説賈誼然反其意而用之矣林和靖詩云茂陵他日求遺稾猶喜曾無封禪書雖説

相如亦反其意而用之矣直用其事人皆能之反其意而用之
者非夫學識素高超越尋常之見不規規然蹈襲前人陳迹者
何以臻此並出藝苑雌黄

詩以意爲主又須篇中練句句中練字乃得工耳以氣韻清高深
眇者絶以格力雅健雄豪者勝元輕白俗郊寒島瘦皆其病也
篇章以含蓄天成爲上破碎雕鎪爲下如楊大年西崑體非不佳
也而弄斤操斧太甚所謂七日而混沌死也

予讀杜詩云江漢思歸客乾坤一腐儒功業頻看鏡行藏獨倚樓
歎其含蓄如此及云虎氣必騰上龍身寧久藏蛟龍得雲雨鵰
鶚在秋天則又駭其奮迅也草深迷市井地僻懶衣裳經心石
鏡月到面雪山風愛其清曠如此及云退朝花底散歸院柳邊
迷君隨丞相後我住日華東則又怪其華豔也及客得無淚故

妻雖及晨囊空恐羞澀留得一錢看嗟其窮愁如此及云香霧雲鬟濕清輝玉臂寒笑時花近眼舞罷錦纏頭則又疑其侈麗也至讀讖歸龍鳳質威定虎狼都風塵三尺劍社稷一戎衣則又見其發揚而蹈厲矣五聖聯龍衮千官列鴈行聖圖天廣大宗祀日光輝則又得其雄深而雅健矣許身一何愚自比稷與契雖乏諫諍姿恐君有遺失則又知其許國而愛君也對食不能飡我心殊未諧人生無家別何以爲烝黎則知其傷時而憂民也未聞夏商衰中自誅褒妲堂堂太宗業植立甚宏達斯則隱惡揚善而春秋之義耳巡非瑶水遠迹是雕墻後天王守太白竚立更搔首斯則憂深思遠而詩人之旨耳至於上有鬱藍天垂光抱瓊臺風帆倚翠蓋暮把東皇衣乃神仙之致耶惟有摩尼珠可照濁水源欲問第一義回向心地初乃佛乘之義耶

嗚呼有能窺其一二者便可名家況深造而具體者乎此予所以稚齒服膺華顛未至也已上出珊瑚鉤詩話

王荆公晚年詩律尤精嚴造語用字間不容髮然意與言會言隨意遣渾然天成殆不見有牽率排比處如含風鴨緑鱗鱗起弄日鵝黄裊裊垂讀之初不覺有對偶至細數落花知坐久緩尋芳草得歸遲但見舒閑容與之態耳而字字細攷之若經檃括權衡者其用意亦深刻矣嘗與葉致遠諸人和頭字韻詩往返數四其末篇有云名譽子眞矜谷口事功新息困壺頭以谷口對壺頭其精切如此後數月復取本追改云豈愛京師傳谷口但知鄉里勝壺頭今集中兩本並存

詩之用事不可牽強必至於不得不用而後用之則事辭爲一莫見其安排鬭湊之迹蘇子瞻嘗爲人作挽詩云豈意日斜庚子

後忽驚歲在巳辰年。此乃天生作對，不假人力。

池塘生春草，園柳變鳴禽。世多不解此語爲工，蓋欲以奇求之耳。此語之工，正在無所用意，猝然與景相遇，借以成章，不假繩削。故非常情所能到。詩家妙處，當須以此爲根本，而思苦言艱者往往不悟。

詩語固忌用巧太過，然緣情體物，自有天然之妙，雖巧而不見刻削之痕。老杜細雨魚兒出，微風燕子斜。此十字殆無一字虛設。雨細着水面爲漚，魚常上浮而淰，若大雨則伏而不出矣。燕體輕弱，風猛則不能勝，惟微風乃受以爲勢，故又有輕燕受風斜之語。至穿花蛱蝶深深見，點水蜻蜓款款飛，深深字若無穿字，款款字若無點字，皆無以見其精微如此。然讀之渾然，全似未嘗用力，此所以不礙其氣格超勝。使晚唐諸子爲之，便當入魚躍練江拋玉尺鶯穿絲柳織金梭體矣。

古今論詩者多矣吾獨愛湯惠休稱謝靈運爲初日芙蕖沈約稱王筠爲彈圓脫手兩語最當人意初日芙蕖非人力所能爲而精彩華妙之意自然見於造化之妙靈運諸詩可以當此者亦無幾彈圓脫手雖是輸寫便利動無留礙然其精圓快速發之在手筠亦未能盡也然作詩審到此地豈復更有餘事韓退之贈張籍云君詩多態度靄靄春空雲司空圖記戴叔倫語云詩人之辭如藍田日暖良玉生煙亦是形似之微妙者但學者不能味其言耳。

詩禁體物語此學詩者類能言之也歐陽文忠公守汝陰嘗與客賦雪於聚星堂舉此令往往皆閣筆不能下然此亦定法若能者則出入縱橫何可拘礙鄭谷亂飄僧舍茶煙濕密灑歌樓酒

方微非不去體物語而氣格如此其犀已上出石林詩話

皇朝仕學規範卷第三十六

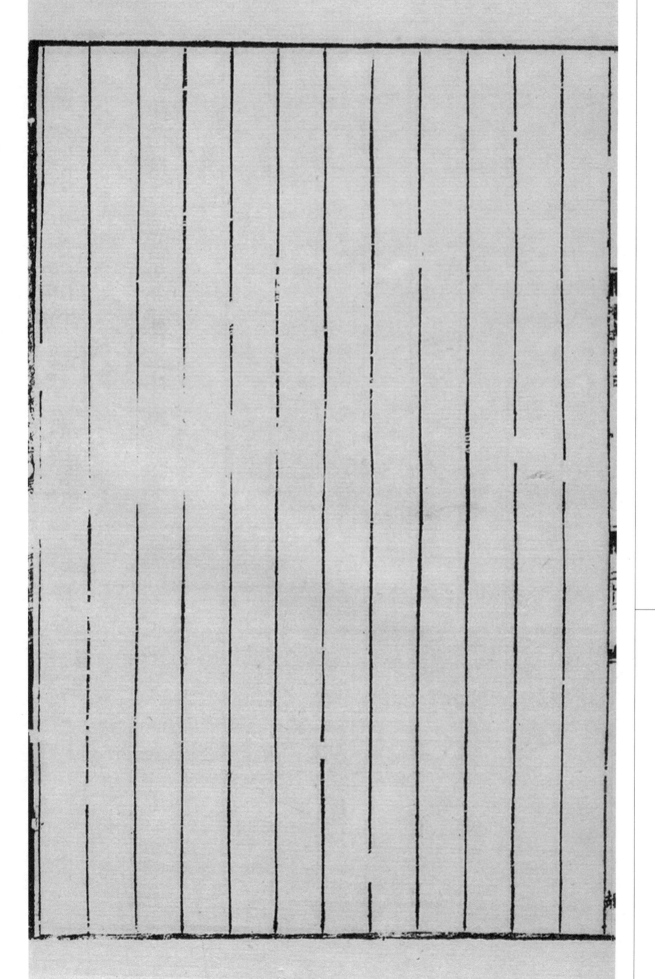

皇朝仕學規範卷第三十七

作詩

詩者始於舜臯之賡歌。三代列國風雅繼作。今之三百五篇是也。其句法自三字至八字皆起於此。三字句若鼓咽咽醉言歸之類。四字句若關關雎鳩在河之洲之類。五字句若誰謂鼠無角何以穿我屋之類。七字句若交交黃鳥止于棘之類。八字句若十月之交曰。我不敢效我友自逸之類。漢魏以降。述作相望。梁陳以來。格致寖多。自唐迄于
國朝。而體制大備矣。

范元實云。古人文章必謹布置。如老杜贈韋見素詩云。紈袴不餓死。儒冠多誤身。此一篇立意也。故令靜聽而具陳之。自甫昔少年日。至再使風俗淳。皆儒冠事業也。自此意竟蕭條至蹭蹬無縱鱗。言誤身如此也。則意舉而文備。固已有是詩矣。然必言所

以見韋者於是有厚愧眞知之句所以眞知者謂傳誦其詩也然宰相職在薦賢不當徒愛人而已士固不能無望故曰竊效貢公喜難甘原憲貧果無益則去之可也故曰焉能心怏怏秪是走踆踆必入海而去秦也其去於人情必有遲遲不忍去之意故曰尚憐終南山回首清渭濱所知不可以不別故曰常擬報一飯況懷辭大臣夫如是則忘江海之外雖見素亦不可得而見矣故曰白鷗没浩蕩萬里誰能馴終焉此詩前賢録爲壓卷爲其布置最得正體如官府甲第廳堂房室各有定處不可亂也韓文公原道與書之堯典蓋如此其他雖謂之變體可也

元實又云形似之語蓋若詩之賦蕭蕭馬鳴悠悠旆旌是也激昂之語蓋若詩人之興周餘黎民靡有孑遺是也古人形似之語必實録是事決不可易故老杜所題詩往往親到其處益知其

工。激昂之言。孟子所謂不以文害辭。不以辭害志。初不可以形迹考。然如此。乃見一時之意。如古栢詩。柯如青銅根如石。視之。信然。雖聖人復生。不可改。此形似之語。霜皮溜雨四十圍。黛色參天二千尺。雲來氣接巫峽長。月出寒通雪山白。此激昂之語。不如此。則不見古栢之大也。文章故多端。然警策處。往往是此兩體爾。

蔡條言。少陵飲中八仙歌。用韻。船字眠字天字各再。前字凡三。於古未見其體。予嘗質之叔父文正曰。此歌分八篇。人人各異。製雖重韻無害。亦周詩分章意也。學者可不知乎。

六一居士云。　國朝楊大年。與錢惟演劉筠數公唱和。自西崑集出。時人爭效之。詩體一變。而後生晚輩。患其多用故事。至於語僻難曉。殊不知自是學者之弊。如大年新蟬詩云。風來玉宇

烏先覺露下金莖鶴未知雖用故事何害爲佳句也又如峭帆
橫渡官橋柳疊鼓驚飛海岸鷗其不用故事又豈不佳乎蓋其
雄文博學筆力有餘故無施不可非如前世號詩人者區區於
風雪草木之類爲許洞所困者也

東坡居士云古詩押韻惟入聲可通用須本音或引韻則不拘四
聲普用隣韻無妨至於作律詩七言首句須要引韻苟或不然
即須得一聯對句也大凡詩章若對偶多即爲實而成體

筆談云古人文章自應律度未以音韻爲主自沈約崇韻學論文
則欲宫羽相變低昂殊節若前有浮聲則後須切響一簡之內
音韻盡殊兩句之中輕重各異妙達此旨始可言文自後浮巧
之語體制漸多如傍對蹉對雙聲疊韻之類詩又有正格偏格
三十四格十九圖四聲八病之類如徐陵云陪游馺娑騁纖腰

於結風長樂鴛鴦奏新聲於度曲又云厭長樂之疎鍾勞中宮之緩箭雖兩長樂意義不同不爲重複此類爲旁犯如九歌蕙殽蒸兮蘭籍奠桂酒兮椒漿當曰蒸蕙殽對奠桂酒今倒用之謂之跛對如自朱耶之狼狽致赤子之流離不惟赤對朱耶對子兼狼狽流離乃獸名對鳥名又如厨人具雞黍稚子摘楊梅當時物議朱雲小後代聲名白日長以雞對揚以朱雲對白日如此之類又爲假對如幾家村草裏吹唱隔江聞幾家村草吹唱隔江皆雙聲如月影侵簪冷江光逼履清侵簪逼履皆疊韻詩第二字側入謂之正格如鳳曆軒轅紀龍飛四十春第二字平入謂之偏格如四更山吐月殘夜水明樓之類唐名賢多正格如杜甫律詩用偏格者十無一二

以聲律作詩其末流也自唐至今詩人謹守之獨黃魯直一掃古

今弃律作五七言。如金石未作鍾磬。和聲渾然有律呂外意。近來作詩者頗有此體。然自吾魯直始也。

續金針格云。詩以聲律爲竅。物象爲骨。意格爲髓。又云鍊句不如鍊字。鍊字不如鍊意。鍊意不如鍊格。又云詩有自然句。有神助句。容易句。率然遂成。辛苦句。深思而得。又云詩之四聯。謂之破題。欲如狂風卷浪。勢欲滔天。第二聯謂之景聯。須字字對。第四聯謂之落句。欲如高山放石。一去不回。又第一與第三句對第二與第四句對。如云去年花下留連飲。暖日夭桃鶯亂啼。今日江邊容易別。淡煙衰草馬頻嘶。謂之扇對。

歐陽文忠公云。聖俞子美齊名於一時。而二家詩體特異。子美筆力豪儁。以超邁橫絕爲奇。聖俞覃思精微。以深遠閑淡爲意。各極其長。雖善論者不能優劣也。予嘗於水谷夜行詩。略道其一

二云子美氣尤雄萬竅號一噫有時肆顛狂醉墨灑滂沛譬如
千里馬已發不可殺盈前盡珠璣一一難揀汰梅翁事清切石
齒漱寒瀨作詩三十年視我猶後輩文詞愈清新心意雖老大
有如妖韶女老自有餘態近詩尤苦硬咀嚼苦難嘬又如食橄
欖眞味久愈在蘇豪以氣轢舉世徒驚駭梅窮獨我知古貨今
難賣語雖非工謂粗得其彷彿然不能優劣之也

名賢詩話言黃魯直自黔南歸詩變前體且云要須唐律中作活
計乃可言詩如少陵淵蓄雲萃變態百出雖數十百韻格律益
嚴蓋操制詩家法度如此予觀魯直和吳餘干廖明略白雲亭
燕集詩江靜明花燭山空響管絃風生學士麈雲繞令君筵百
越餘生聚三吳喜接連庖霜刀落鱠執玉酒明船葉縣飛來舄
壺公謫處天談多時屢謔舞短更成研而我孤登臨見觀詩未究

宜老夫看鏡罷衰白敢爭先直可拍肩挽袂矣。

賀鑄字方回言學詩於前輩得八句云平澹不流於淺俗奇古不鄰於怪僻題詠不窘於物象敘事不病於聲律比興深者通物理用事工者如已出格見於成篇渾然不可鐫氣出於言外浩然不可屈盡心於詩守此勿失。

東坡居士云予嘗論書以謂鍾王之迹蕭散簡遠妙在筆畫之外至唐顏柳始集古人筆法而盡發之極書之變天下翕然以爲宗師而鍾王之法益微至於詩亦然蘇李之天成曹劉之自得陶謝之超逸蓋亦至矣而杜子美李太白以英偉絕世之姿凌跨百代古之詩人盡廢然魏晉以來高風絕塵亦少衰矣李杜之後詩人繼出雖間有遠韻而才不逮意獨韋應物柳子厚發纖濃於簡古寄至味於淡泊非餘子所及也唐末司空圖崎嶇

兵亂之間，而詩文高雅，猶有承平之遺風。其論詩曰：梅止於酸，鹽止於鹹，飲食不可無鹽梅，而其美常在於酸鹹之外。蓋自列其詩之有得於文字之表者二十有四韻，恨當時不識其妙。予二復其言而悲之。

詩人詠歌文武征伐之事，其於克密曰：無矢我陵，我陵我阿；無飲我泉，我泉我池。其於克崇曰：臨衝閑閑，崇墉言言，執訊連連，攸馘安安，是類是禡，是致是附，四方以無侮。其於克商曰：維師尚父，時維鷹揚，諒彼武王，肆伐大商，會朝清明。其形容征伐之盛，極於此矣。韓退之作元和聖德詩，言劉闢之死曰：宛宛弱子，赤立傴僂，牽頭曳足，先斷腰膂，次及其徒，體骸撐拄，末乃取闢，駭汗如雨，揮刀紛紜，爭切膾脯。此李斯頌秦所不忍言，而退之自謂無愧於雅頌，何其陋也。

大雅綿九章初頌太王遷豳建都邑營宮室而已其八章乃曰虞芮質厥成文王蹶厥生予曰有疏附予曰有先後予曰有奔走予曰有禦侮事不接文不屬如連山斷嶺雖相去絶遠而氣象聯絡觀者知其脉理之爲一也蓋附離不以鑿枘此最爲文之高致也老杜陷賊詩有曰少陵野老吞聲哭春日潛行曲江曲江頭宮殿鎖千門細柳新蒲爲誰緑憶昔霓裳下南苑苑中萬物生顔色昭陽殿裏第一人同輦隨君侍君側輦前才人帶弓箭白馬嚼齧黃金勒翻身向天仰射雲一箭正墜雙飛翼明眸皓齒今何在血汙遊魂歸不得清渭東流劍閣深去住彼此無消息人生有情淚霑臆江水江花豈終極黃昏胡騎塵滿城欲往城南忘南北予愛其詞如百金戰馬注坡驀澗如履平地得詩人之遺法如白樂天詩詞甚工然拙於紀事寸步不遺猶恐

失之。此所以望老杜之藩垣而不及也。已上古今總類詩話

皇朝仕學規範卷第三十七

仕學規範　卷卅八至四十

作詩

皇朝仕學規範卷第三十八

作詩

黄魯直書王知載朐山雜詠後云。詩者。人之情性也。非若諫爭於廷。怨詬於道。怒鄰罵坐之爲也。其人忠信篤敬。抱道而居。與時乖迕。遇物悲喜。同牀而不察。並世而不聞。情之所不能堪。因發於呻吟調笑之聲。胷次釋然。而聞者亦有所勸勉。比律呂而可歌。列于羽而可舞。是詩之美也。其發爲訕謗侵陵。引頸以承戈。披襟而受矢。以快一朝之忿者。人皆以爲詩之禍。是失詩之旨。非詩之過。

又云。寧律不諧而不可使句弱。用字不工而不可使語俗。此庾開府之所長也。然有意於詩者也。至於淵明所謂不煩繩削而自合者。雖然。巧於斤斧者。多疑其拙。窘於隱括者。輒病其放。孔子

曰甯武子其智可及也其愚不可及也淵明之拙與嵆豈可謂
不知道哉要當與一丘一壑者共之耳
冷齋夜話載魯直云詩意無窮人才有限以有限之才追無窮之
意雖少陵淵明不得工也然不易其意而造其語謂之換骨法
規模其意而形容之謂之奪胎法如鄭谷十日菊曰自緣今日
人心別未必秋香一夜衰此意甚佳病在氣不長曾子固曰詩
當使人一覽語盡而意有餘荆公菊詩云千花百卉凋零後始
見閑人把一枝東坡則曰萬事到頭都是夢休休明日黄花蝶
也愁又如李白詩曰鳥飛不盡暮天碧又青天盡處没孤鴻然
其病如前所論山谷詩云不知眼界闊多少白鳥去盡青天回
荆公云一日君家把酒杯六年波浪與塵埃不知鳥石江邊路
到老相尋得幾回樂天詩曰臨風杪秋木對酒長年人醉皃如

霜葉雖紅不是春。東坡云兒童悞喜朱顔在。一笑那知是酒紅。

凡此之類皆奪胎法也。

蘇尚書符東坡先生之孫。嘗與人論詩。或曰前輩所好不同。如文忠公於常建詩。愛其竹徑通幽處禪房花木深。謂此景與意會。常欲道之而不得也。至山谷乃愛山光悅鳥性潭影空人心。則與文忠公異矣。又二公所愛和靖梅花詩亦然。公曰。祖父謂老杜四更山吐月殘夜水明樓。以爲古今絕唱。此乃祖父於此有妙悟處。他人未易曉也。大凡文字須是自得自到。不可隨人轉也。

詩以意義爲主。文詞次之。或意深義高。雖文詞平易。自是奇作。世人見古人句平易。倣傚之而不得其意義。隨入鄙野可笑。盧仝詩有云。不唧嚠鈍漢。非其篇前後意義自可掩口矣。寧可倣之耶。韓吏部古詩高卓。至其律詩雖可稱善。要是有不工者。而好韓之人句句稱述未可謂然也。韓詩云老翁眞箇似童兒汲井埋盆作小池此直諧語以爲戲爾歐陽永叔江鄰幾論韓雪詩以隨車飜縞帶逐馬散銀盃爲不工而以坳中初蓋底凸處遂成堆爲勝不知正得韓意否。永叔云知聖俞者莫如脩常問聖俞平生所最好句聖俞所自負者皆脩所不好聖俞所卑下者皆脩所稱賞云知賞音之難如是其評古人之詩得無似之乎

六一居士曰聖俞嘗語予詩家雖率意而造語亦難若意新語工得前人所未道者斯爲善也必能狀難寫之景如在目前含不盡之意見於言外然後爲至矣賈島云竹籠拾山果瓦缾擔石泉姚合云馬隨山鹿放鷄逐野禽棲等是山邑荒僻官況蕭條不如縣古槐根出官清馬骨高爲工也予曰語之工者固如是狀難寫之景含不盡之意何詩爲然聖俞曰作者得於心覽者

會以意殆難指陳以言也雖然亦可略道其彷彿若嚴維柳塘春水慢花塢夕陽遲則天容時態融和駘蕩豈不如在目前乎又若温庭筠雞聲茅店月人跡板橋霜賈島怪禽啼曠野落日恐行人則道路辛苦羇愁旅思豈不見於言外乎

晏元獻公喜評詩嘗曰老覺腰金重慵便枕玉涼未是富貴語不如笙歌歸院落燈火下樓臺此善言富貴者也人皆以爲知言公雖起自田里而文章富貴出乎天然嘗覽李慶孫富貴曲云軸裝曲譜金書字樹記花名玉篆牌公曰此乃乞兒相未嘗諳富貴者故公每吟詠富貴不言金玉錦繡而惟説其氣象若曰樓臺側畔楊花過簾幕中間燕子飛又云梨花院落融融月柳絮池塘澹澹風故公以此句語人曰窮兒家有此景致也無

東坡云司空表聖自論其詩以爲得味於味外緑柳連村暗黄花

入麥稀。此句最善。又云。棊聲花院靜。幡影石壇高。吾嘗遊五老峯。入白鶴院。松陰滿庭。不見一人。惟聞棊聲。然後知此句之工也。但恨其寒儉有僧態。若杜子美云。暗飛螢自照。水宿鳥相呼。四更山吐月。殘夜水明樓。則才力富贍。去表聖之流遠矣。又鄭谷詩云。江上晚來堪畫處。漁人披得一蓑歸。此村學中詩也。柳子厚云。千山鳥飛絕。萬徑人蹤滅。扁舟蓑笠翁。獨釣寒江雪。人性有隔也哉。

又云。詩人有寫物之功。桑之未落。其葉沃若。若他木殆不可以當此。林逋梅花詩云。疎影橫斜水清淺。暗香浮動月黃昏。決非桃李詩。皮日休白蓮花詩云。無情有恨何人見。月曉風清欲墮時。決非紅蓮詩。此乃寫物之功。若石曼卿紅梅詩云。認桃無緑葉。辨杏有青枝。此至陋語。蓋村學中體也。柳子厚詩在陶淵明下。

韋蘇州上退之豪放奇險則過之而溫麗靖深不及也所貴乎枯澹者謂其外枯而中膏似澹而實美淵明子厚之流是也若中邊枯澹亦何足道佛云如人食蜜中邊皆甜人食五味知甘苦者皆是能分别其中邊者百無一二也

山谷云予評李白詩如黃帝張樂於洞庭之野無首無尾不主故常非墨工槧人所可擬議吾友黃介讀李杜優劣論曰論文正不當如此予以爲知言及觀其藁書大類其詩彌使人遠想慨然白在開元至德間不以能書傳今其行草殊不減古人蓋所謂不煩繩削而自合者歟謝康樂庾義成之於詩鑪錘之功不遺力也然陶彭澤之牆數仞謝庾未能窺其彷彿者何哉蓋二子有意於俗人贊毁其工拙淵明直寄焉耳又云歐陽文忠公極賞林和靖踈影横斜水清淺暗香浮動月黃昏之句而不知

和靖別有詠梅一聯云。雪後園林才半發。水邊籬落忽橫枝。似勝前句。不知文忠公何緣去此而賞彼。文章大槩亦如女色。好惡繫於人。

筆談云。唐人以詩主人物。故雖小詩。莫不埏揉極工而後已。所謂月鍛季鍊者。信非虛言。退之城南聯句首句云。竹影金鎖碎者。乃見日光耳。非竹影也。若題中有日字。則曰竹影金鎖碎可也。

鄭棨相國善詩。或曰相國近爲詩否。對曰。詩思在灞橋風雪中驢子上。此處何以得之。蓋言平生苦心。

白樂天賦性曠達。其詩曰無事日月長。不羈天地闊。此曠達者之詞也。孟東野賦性褊狹。其詩曰。出門即有礙。誰謂天地寬。此褊狹者之詞也。然則天地又何嘗礙郊。蓋郊自礙耳。

上文康公天姿質實厚重。作詩曰。棗花至小能成實。桑葉雖柔解吐絲堪笑牡丹如許大不成一事又空枝此亦質實重厚者之詞也。

張太史耒云唐之晚年詩人類多窮士如孟東野賈閬仙之徒皆以刻琢窮苦之言爲工或謂郊島孰貧曰島爲甚也何以知之以其詩知之郊曰種稻耕白水負薪斫青山島曰市中有樵山客舍寒無煙井底有甘泉釜中常苦乾孟氏薪米自足而島家俱無以是知之耳然及其至也清絶高遠殆非常人可到唐之野詩稱兩人爲最云。

王荆公云梨花一枝春帶雨桃花亂落如紅雨珠簾暮捲西山雨皆警句也然終不若院落深沉杏花雨爲優言盡而意有餘也。

已上出古今總類詩話

皇朝仕學規範卷第三十八

皇朝仕學規範卷第三十九

作詩

劉夢得言茱萸二字更三詩人道之而有工否杜公云更把茱萸子細看王右丞云遍插茱萸少一人朱倣云學他年少插茱萸杜句爲優遠東坡先生有酒闌何必看茱萸之句則又高出工部一等矣

歐陽永叔云詩人貪求好句而理有不通亦語病也如袖中諫草朝天去頭上宫花侍讌歸誠爲佳句矣但進諫必以章疏無直用藁草之理如賈島哭僧云寫留行道影焚却坐禪身時謂燒殺活和尚此尤可笑也

梅聖俞嘗云詩句義理雖通語淺俗而可笑者亦其病也如有贈漁父云眼前不見市朝事耳畔惟聞風水聲說者云患肝腎風

又盡日覓不得有時還自來本謂詩之好句難得而說者云此是人家失却猫兒聞者以爲笑。

東坡云詩須要有爲而後作用事當以故爲新以俗爲雅好奇務新乃詩之病柳子厚晚年詩頗似陶淵明知詩病者也。

集句自　國初有之未盛也至石曼卿人物開敏以文爲戲然後大著至元豐閒王文公益工於此人言起自公非也。

自唐以來試進士詩號省題科場用賦取人進士不復留意於詩。故絶無可稱者惟天聖二年省試采侯詩宋尚書祁最擅場其句有色映珊雲爛聲迎羽月遲尤爲京師傳誦當時舉子目公爲宋采侯。

讀書天下難事用功有淺深耳唐以詩爲專門學雖名世善用古事者或未免小誤如王摩詰詩衛青不敗由天幸李廣無功緣

數奇不敗由天幸乃霍去病非衛青也去病傳云其軍常先大將軍軍亦有天幸未嘗困絕意有大將軍字誤指去病作衛青爾李太白詩有山陰道士如相訪爲寫黃庭換白鵝乃道德經非黃庭也逸少嘗寫黃庭與王脩故二事相紊杜牧之尤不可勝數前輩每云用事雖了在心目閒亦當就時討閱則記牢而不誤端名言也

今之郡守謂之建麾蓋用顔延年詩屢薦不入官一麾乃出守此誤也延年所謂一麾乃指麾之麾如武王右秉白旄以麾非旌麾之麾也謂山濤薦阮咸爲吏部郎三上武帝不用後爲荀勗一擠出守始平故有此句延年被擯以此自託耳杜牧爲登樂遊原詩謬用一麾云擬把一麾江海去樂遊原上望昭陵自此遂爲故事然實誤也

歐陽詩話言陳舍人從易當時文方盛之際獨以醇儒古學見稱其詩多類白樂天蓋自楊劉唱和西崑集行後學者爭效之風雅一變謂之崑體由是唐賢諸詩集幾廢而不行獨是時舍人陳公偶收得杜集舊本文多脫誤至送蔡都尉詩云身輕一鳥其下脫一字陳公因與數客各用一字補之或云疾或云落或云下莫能定其後得一善本乃是身輕一鳥過陳公嘆服以為雖一字諸君亦不能到也

范元實又云老杜詩凡一篇皆工拙相半古人文章類如此皆拙固無取使其皆工則峭急而無古氣如李賀之流是也然後學者當先學其工者精神氣骨皆在於此如望嶽詩云齊魯青未了洞庭云吳楚東南拆乾坤日夜浮語既高妙有力而言東嶽與洞庭之大無過於此後來文士極力道之終有限量益知其

不可及望嶽第二句如此故先云岱宗夫如何洞庭先如此故後云親朋無一字老病有孤舟若前後別無奇偉而皆如洞庭他句雖雅健終不工如岱宗夫如何雖曰亂道可也今人學詩先得老杜平慢處乃隣女之效顰者爾

名賢詩話言杜少陵云作詩用事要如釋語水中著鹽飲水乃知鹽味此說詩家祕密藏也如五更鼓角聲悲壯三峽星河影動搖人徒見凌轢造化之工不知乃用事也禰衡傳撾漁陽摻聲悲壯漢武故事星辰影動搖東方朔謂民勞之應則善用故事者如繫風捕影豈有迹耶此理殆不容聲今乃顯言之已落第二矣

潘淳字子真南昌人嘗以詩呈山谷山谷云凡作詩須要開廣如老杜日月籠中鳥乾坤水上萍之類子真云淳輩那便到此山

谷曰。無此只是初學詩一門戶也。

王君玉謂人曰。詩家不妨間用俗語。尤見工夫。雪止未消者。俗謂之待伴。嘗有雪詩。待伴不禁鴛瓦冷。羞明常怯玉鉤斜。待伴着明皆俗語。今採拾入句。了無痕纇。此點瓦礫為黃金手也。

東坡云。近世人輕以意改書。鄙淺之人。好惡多同。從而和之。遂使古書日就訛舛。孔子曰。吾猶及史之闕文也。蜀本莊子云。用志不分。乃疑於神。與易陰疑於陽。禮使人疑汝於夫子同。今四方本皆作凝。陶潛詩。採菊東籬下。悠然見南山。採菊之次。偶然見山。境與意會。今皆作望南山。杜子美云。白鷗沒浩蕩。蓋滅沒於煙波間。而宋敏求云。鷗不解沒。改作波字。二詩改此兩字。一篇神氣索然也。已上出古今總類詩話

山谷云。詩文唯不造空強作。待境而生。便自工耳。山谷謂秦少章

云凡始學詩須要每作一篇先立大意長篇須曲折三致意乃爲成章

又云詩詞高勝要從學問中來後來學詩者雖時有妙句譬如合眼模象隨所觸體得一處非不即似要且不是若開眼全體見之合古人處不待取證也

潘邠老語饒德操云作長詩須有次第本末方成文字譬如做客見主人須先入大門見主人升階就坐說話乃退今人作文字都無本末次第緣不知此理也

邠老云七言詩第五字要響如返照入江飜石壁歸雲擁樹失山村飜字失字是響字也五言詩第三字要響如圓荷浮小葉細麥落輕花浮字落字是響字所謂響者致力處也予竊以爲字字當活活則字字自響

詠物詩不待明說盡只髣髴形容便見妙處如魯直酴醿詩云露濕何郎試湯餅日烘荀令炷爐香東坡詩云作詩必此詩定知非詩人此或一道也魯直作詠物詩曲當其理如猩猩筆詩云平生幾兩屐身後五車書其必此詩哉

學詩須熟看老杜蘇黃先見體式然後遍考他作自然工夫度越他人老杜歌行與長韻律詩後人莫及而蘇黃用韻下字用故事處亦古所未到

老杜詩云詩清立意新最是作詩用力處蓋不可循習陳言只規摹舊作也魯直云隨人作詩終後人又云文章切忌隨人後此自魯直見處也近世人學老杜多矣左規右矩不能稍出新意終成屋下架屋無所取長獨魯直下語未嘗似前人而卒與之合此爲善學如陳無已力盡規摹已少變化

讀古詩十九首及曹子建諸詩如明月入高樓流光正徘徊之類皆致思深遠言有盡而意無窮學者當以此詩常自涵養自然下筆高妙

大槩學詩須以三百篇楚辭及漢魏間人詩爲主方見古人妙處自無齊梁間綺靡氣味也

載馳詩反覆說盡情意學者宜考蒹葭詩說得事理明白尤宜致思也

李太白詩如曉月出天山蒼茫雲海間長風一萬里吹度玉門關及沙墩至梁苑二十五長亭大舶夾雙櫓中流鵝鸛鳴之類皆氣蓋一世學者能熟味之自不褊淺矣

初學作詩寧失之野不可失之靡麗失之野不害氣質失之靡麗不可復整頓已上出呂氏童蒙訓

余頃年遊蔣山夜上寶公塔時天已昏黑而月猶未出前臨大江下視佛屋崢嶸時聞風鈴鏗然有聲忽記杜少陵詩夜深殿突兀風動金琅璫恍然如已語也又嘗獨行山谷間古木夾道交陰唯聞子規相應木間乃知兩邊山木合終日子規啼之爲佳句也又暑中瀕溪與客納涼時夕陽在山蟬聲滿林觀二人洗馬於谿中曰此少陵所謂晚涼看洗馬森木亂鳴蟬者也此詩平日誦之不見其工唯當所見處乃始知其爲妙作詩止欲寫所見耳不必過爲奇險也出周少隱竹坡詩話

用故事當如已出如杜甫寄人詩云經欲依劉表還疑厭禰衡此是用王粲依劉并曹公厭禰衡事却點化只做杜甫欲去依他人恐他厭之語此便是如已出也

五字詩以第三字爲句眼七字詩以第五字爲句眼古人鍊字只

於句眼上鍊。

有意中無斧鑿痕。有句中無斧鑿痕。有字中無斧鑿痕。須要體認得。

自做詩須是看多做多使自家機杼。風骨先立。然後使得經史中全語作一體也。如自出語弱。却使經史中全語。則頭尾不相勾副。如兩村夫拼一枝畫櫟。自覺經史語在人眼中不入看也。

魯直云。凡和人詩。押韻如待敵。如此然後押韻方工。

七字句法不要有閑字。若減兩字成五言而意思是。便是有閑字也。

詩涵養得到。自有得處。如化工生物。千花萬草。不名一物一態。若模勒前人。無自得。只如世間剪裁楮花。見一件樣。只做得一件也。已上出蒲氏漫齋錄

皇朝仕學規範卷第三十九

皇朝仕學規範卷第四十

作詩

謝朝華之已披起夕秀於未振學詩者尤當領此陳腐之語固不必涉筆然求去其陳腐不可得而翻爲怪怪奇奇不可致詰之語以欺人不獨欺人而且自欺誠學者之大病也詩人首二謝靈運在永嘉因夢惠連遂有池塘生春草之句元暉在宣城因登三山遂有澄江靜如練之句二公妙處蓋在於鼻無堊目無膜爾鼻無堊斤將曷運目無膜篦將曷施所謂混然天成天球不琢者歟靈運詩如矜名道不足適已物可忘清暉能娛人遊子澹忘歸元暉詩如春草秋更綠公子未西歸大江流日夜客心悲未央等語皆得三百五篇之餘韻是以古今以爲奇作又曷嘗以難解爲工哉東坡跋李端叔詩卷云暫借好詩消永夜

每逢佳處輒參禪蓋端叔作詩用意太過參禪之語所以警之云。

陶潛謝朓詩皆平澹有思致非後來詩人怵心劌目雕琢者所爲也老杜云陶謝不枝梧風騷共推激紫燕自超詣翠駮誰剪剔是也大抵欲造平澹當自組麗中來落其華芬然後可造平澹之境如此則陶謝不足進矣今之人多作拙易詩而自以爲平澹識者未嘗不絕倒也梅聖俞和晏相詩云因令適性情稍欲到平澹苦詞未圓熟刺口劇菱芡言到平澹處甚難也所以贈杜挺之詩有作詩無古今欲造平澹難之句李白云清水出芙蓉天然去雕飾平澹而到天然處則善矣。

杜甫觀安西過兵詩云談笑無河北心肝奉至尊故東坡亦云似聞指揮築上郡已覺談笑無西戎蓋用左太冲詠史詩長嘯激

清風志若無東吳也。王維云。虜騎千重只似無。句則拙甚。
老杜詩以後二句續前二句處甚多。如喜弟觀到詩云。待爾嗔烏鵲。拋書示鶺鴒。枝間喜不去。原上急曾經。晴詩云。啼烏爭引子。鳴鶴不歸林。下食遭泥去。高飛恨久陰。江閣卧病云。滑憶雕胡飯。香聞錦帶羹。溜匙兼暖腹。誰欲致盃甖。寄張山人詩云。曹植休前輩。張芝更後身。數篇吟可老。一字買堪貧。如此類甚多。此格起於謝靈運盧陵王墓下詩云。延州協心許。楚老惜蘭芳。解歛竟何及。撫墳徒自傷。李太白詩亦時有此格。如毛遂不墮井。曾參寧殺人。虛言誤公子。投杼惑慈親。是也。
梅聖俞云。作詩要須狀難寫之景於目前。含不盡之意於言外。真名言也。觀其送蘇祠部通判洪州詩云。沙鳥看來沒。雲山愛後移。送張子野赴鄭州云。秋雨生陂水。高風落廟梧之類。狀難寫之景也。送馬殿丞赴密州。危帆淮上去。古木海邊秋。和陳秘校云。江水幾經歲。鑑中無壯顔之類。含不盡之意也。

選詩騈句甚多。如宣尼悲獲麟。西狩涕孔丘。千憂集日夜。萬感盈朝昏。萬古陳往還。百代勞起伏。多士成大業。羣賢濟洪績之類。恐不足爲後人之法也。

近時論詩者。皆謂偶對不切。則失之麤。太切則失之俗。如江西詩社所作。慮失之俗也。則往往不甚對。是亦一偏之見爾。老杜江陵詩云。地利西通蜀。天文北照秦。秦州詩云。水落魚龍夜。山空鳥鼠秋。叢篁低地碧。高柳半天青。孺子至云。柤梨且綴碧。梅杏半傳黄。如此之類。可謂對偶太切矣。又何俗乎。如雜蘂紅相對。他時錦不如。磨滅餘篇翰。平生一釣舟之類。雖對不求太切。而未嘗失格律也。學詩者當審此。

許渾呈裴明府詩云。江村夜漲浮天水。澤國秋生動地風。漢水傷稼亦全用此一聯。郊居春日詩云。花前更謝依劉客。雪後空懷訪戴人。和杜侍御云。因過石城先訪戴。欲朝金闕暫依劉。又送林處士云。鏡中非訪戴。劍外欲依劉。寄三川守云。花深稚榻迎何客。月在膺舟醉幾人。陪崔公讌又云。賔館盡開徐稚榻。客帆空戀李膺舟。題王隱居云。隨蜂收野蜜。尋麝采生香。呈李明府云。洞花蜂聚蜜。嵓栢麝留香。松江詩云。晚色千帆落。秋聲一鴈飛。深春詩云。故里千帆外。深春一鴈飛。又寄盧郎中并贈關師。皆以庾樓對蕭寺。見於其他篇詠。以楊柳對蒹葭。以楊子津對越王臺者甚多。蓋其源不長。其流不遠。則波瀾不至於汪洋浩渺。宜哉杜甫云。讀書破萬卷。下筆如有神。欲下筆當從讀書始。

律詩中間對聯兩句。意甚遠而中實潛貫者最爲高作。如介甫示平甫詩云家勢到今宜有後士才如此豈無時荅陳正叔云此道未行身有待古人不見首空回魯直荅彥和詩云天於萬物定貧我智效一官全爲親上叔父夷仲詩云萬里書來兒女瘦十月山行冰雪深歐永叔送王平甫下第詩云朝廷失士有司耻貧賤不憂君子難送張道州詩云身行南鴈不到處山與北人相對閑如此之類與規規然在於媲青對白者相去萬里矣魯直如此句甚多不能槩舉也

水田飛白鷺夏木囀黃鸝李嘉祐詩也王摩詰衍之爲七言曰漠漠水田飛白鷺陰陰夏木囀黃鸝而興益遠九天宮殿開閶闔萬國衣冠拜冕旒王摩詰詩也杜子美删之爲五言曰閶闔開黃道衣冠拜紫宸而語益工近觀山谷黔南十絕七篇全用樂天花下對酒渭川舊居東城尋春西樓委順竹窓等詩餘三篇

用其詩略點化而已樂天云相去六千里地絕天邈然十書九不到何以開憂顏山谷則云相望六千里天地隔江山十書九不到何用一開顏樂天云霜降水反壑風落木歸山冉冉歲將晏物皆復本原山谷云霜降水反壑風落木歸山冉冉歲華晚昆蟲皆閉關樂天詩云渴人多夢飲飢人多夢餐春來夢何處合眼到東川山谷云病人多夢醫囚人多夢赦如何春來夢合眼見鄉社葉少蘊云詩人點化前作正如李光弼將郭子儀之軍重經號令精彩數倍今觀三公所作此語殆誠然也

陳去非常謂余言唐人皆苦思作詩所謂吟安一箇字撚斷數莖鬚句向夜深得心從天外歸吟成五字句用破一生心蟾蜍影裏清吟苦舴艋舟中白髮生之類者是也故造語皆工得句皆奇但韻格不高故不能參少陵之逸步後之學詩者儻能取唐

人語而掇入少陵繩墨步驟中。此速肖之術也。余嘗以此語似葉少蘊。少蘊云：李益詩云：開門風動竹，疑是故人來。沈亞之詩云：徘徊花上月，虛度可憐宵。皆佳句也。鄭谷掇取而用之，乃云：睡輕可忍風敲竹，飲散那堪月在花。真可與李沈作僕奴。由是論之，作詩者興致先自高遠，則去非之言可用；儻不然，便與鄭都官無異。

詩家有換骨法，謂用古人意而點化之，使加工也。李白詩云：白髮三千丈，緣愁似箇長。荊公點化之，則云：繰成白髮三千丈。劉禹錫云：遙望洞庭湖翠水，白銀盤裏一青螺。山谷點化之云：可惜不當湖水面，銀山堆裏看青山。孔稚圭白苧歌云：山虛鍾響徹。山谷點化之云：山谷響筦絃。盧仝詩云：草石是親情。山谷點化之云：小山作友朋，香草當姬妾。學詩者不可不知此。

詩人讚美同志詩篇之善，多比珠璣璧玉錦繡花草之類，至杜子美則豈肯作此陳腐語耶。寄岑參詩云：意愜關飛動，篇終接混茫。夜聽許十誦詩云：精微穿溟涬，飛動摧霹靂。贈盧琚詩云：藻翰唯牽率，湖山合動搖。贈陳諫議詩云：毫髮無遺恨，波瀾獨老成。寄李白詩云：筆落驚風雨，詩成泣鬼神。贈高適詩云：美名人不及，佳句法如何。皆驚人語也。視餘子其神芝之與腐菌哉。

作詩貴雕琢，又畏有斧鑿痕；貴破的，又畏粘皮骨，此所以為難。李商隱柳詩云：動春何限葉，撼曉幾多枝。恨其有斧鑿痕也。石曼卿梅詩云：認桃無綠葉，辨杏有青枝。恨其粘皮骨也。能脫此等病，始可以工詩矣。劉夢得稱白樂天詩云：郢人斤斲無痕迹，仙人衣裳弃刀尺。世人方内欲相從，行盡四維無處覓。若能如是，雖終日斲而鼻不傷，終日射而鵠必中，終日行於規矩之中而

其迹未嘗滯也山谷嘗與楊明叔論詩謂以俗爲雅以故爲
百戰百勝如孫吳之兵棘端可以破鏃如甘蠅飛衛之射提家
放開在我掌握與劉所論殆一般矣
作詩在於練字如老杜飛星過水白落日動沙虛是練中間一字
地拆江帆隱天清木葉聞是練末後一字酬李都督早春詩云
紅入桃花嫩青歸柳葉新若非入與歸二字則與兒童之詩何
異已上出韻語陽秋

皇朝仕學規範卷第三十七